GÉNÉRAL BERTHAUT

---

l' « Erreur »

de

1914

RÉPONSE AUX CRITIQUES

AVEC UNE PRÉFACE DE M. JOSEPH REINACH

PARIS ET BRUXELLES

LIBRAIRIE NATIONALE D'ART ET D'HISTOIRE

G. VAN OEST & Cie, ÉDITEURS

1919

La réponse du général Berthaut aux critiques a été écrite aussitôt après la cessation des hostilités, dans les derniers mois de 1918, dès qu'il a été possible de dire des vérités que la guerre obligeait à tenir sous silence.

Pour diverses raisons, indépendantes de la volonté de l'auteur, cette réponse n'a pu paraître plus tôt et contribuer à orienter certaines discussions qui ont fixé l'attention du public.

L'Erreur

de

1914

MACON, PROTAT FRÈRES, IMPRIMEURS

GÉNÉRAL BERTHAUT

l' « Erreur »
de
1914

RÉPONSE AUX CRITIQUES

AVEC UNE PRÉFACE DE M. JOSEPH REINACH

PARIS ET BRUXELLES

LIBRAIRIE NATIONALE D'ART ET D'HISTOIRE

G. VAN OEST & Cie, ÉDITEURS

1919

PRÉFACE

Il manquait quelque chose à la gloire des chefs et des États-Majors qui, ayant gagné, de l'aveu même des Allemands, la guerre sur la Marne, ont conduit nos armées sur le Rhin. Et c'était d'être accusés d'ignorance par des ignorants, d'imprévoyance par de petits prophètes du passé, d'impéritie par des civils qui seraient embarrassés de conduire une escouade.

C'est fait.

* *
*

Ce n'est pas toutefois dans l'intérêt des chef qui ont été mis en cause que le général Berthaut a écrit le livre qu'il a intitulé ironiquement l'*Erreur de 1914*. Alors même que la conclusion de la guerre ne suffirait pas à répondre aux singulières accusations dont ils ont été l'objet de côtés d'ailleurs très différents, ils n'ont rien à craindre de la vérité, qui est même due aux chefs malheureux. Ils peuvent attendre avec confiance que sortent des archives de la guerre les ordres, rapports, dépêches et documents de toutes sortes qui se passeront de commentaires et crieront comme les pierres du chemin.

Qu'on ne nous fasse pas dire que les généraux sont infaillibles ; que les chefs de la guerre de 1914-1918 ne se sont jamais trompés, — quand Napoléon ne raconte pas une bataille de Frédéric ou de Turenne, ou l'une des siennes, sans y relever une erreur ; — que les plans de l'ennemi ont été constamment reconnus dans toutes leurs directions, d'ailleurs changeantes selon les circonstances, et dans leur détail, soit au début de la campagne de 1914, soit dans l'année de Verdun, soit au printemps de 1918 sur la Somme, puis sur l'Aisne. Il y a des choses justes dans tels livres dont les conclusions sont injustes parce que les prémisses en sont fausses. Ce qui ne pouvait pas se supporter plus longtemps, c'est que des lecteurs ou simplistes ou mal intentionnés de livres bien intentionnés, mais simplistes, pussent continuer à jeter dans le pays l'idée que les chefs ne valaient pas les soldats et que la victoire, leur œuvre commune, a été retardée par des fautes grossières. Croira qui le voudra que ces fautes n'auraient pas été commises par des civils. Le poison est dans la glose.

Sans aller jusqu'à répéter avec le poète que, toujours,

La foule tient pour vrai ce qu'invente la haine

— ou la demi-science, il n'en reste pas moins qu'une partie trop considérable du public a, de tout temps, accueilli plus volontiers les reproches que les éloges, et le dénigrement qui est à lui-même un plaisir que la gratitude à qui il ne coûte pas d'admirer.

*
* *

C'est, d'abord, à cette partie du public que s'adresse ce petit livre afin de lui montrer le piège et le retirer de l'erreur, dans le même temps qu'il rassurera dans sa confiance et dans sa reconnaissance l'immense majorité de la nation.

On sait assez quels sont les titres militaires et scientifiques du général Berthaut. Quelques-uns d'entre nous ont encore connu son père, l'un des beaux soldats de 1870, qui fut le créateur de l'armée territoriale, occupa pendant deux ans le ministère de la guerre avec beaucoup d'honneur et a laissé deux ouvrages classiques : *Marches et combats* et *Principes de stratégie*. La carrière du fils, sans être moins pleine, a été plus modeste. Il appartient à cette génération un peu sacrifiée, mais n'en a-t-elle pas droit à plus de respects ? qui a porté le poids lourd de la défaite et a préparé laborieusement la victoire pour être atteinte par d'implacables limites d'âge à la veille de la grande bataille vengeresse.

N'être que spectateur alors que, pendant plus de quarante années, on a rêvé d'être acteur, cela pourrait incliner, même des âmes bien nées, à marchander la louange aux camarades plus jeunes qui, n'ayant pas été sans profiter des labeurs ingrats de leurs aînés, ont dirigé les opérations d'une guerre plus heureuse et ont mené nos armées à la victoire. Bien au contraire, le général Berthaut n'a pu se défendre d'une vive émotion quand il a vu quelques auteurs, dont la sincérité, il est le premier à le proclamer, est hors de doute, mais chez qui la connaissance de l'art de la guerre et de l'histoire militaire est très loin d'égaler le patriotisme inquiet, répandre dans une opinion trop crédule, parce que trop peu informée, des jugements de tous points erronés et de fâcheuses contre-vérités.

Le difficile, pour un homme de sa trempe, pour un soldat dans les moëlles, c'eût été de ne pas écrire ce livre, cette réponse à des essais, prématurés et insuffisamment documentés, de critique militaire.

Si droites, en effet, que soient les intentions de leurs auteurs, les légendes qui sont nées de ces ouvrages n'en sont pas moins pernicieuses, accueillies et grossies comme elles l'ont été par l'ignorance ; par la fatigue d'une guerre glorieuse entre toutes, mais qu'on aurait voulue moins meurtrière et moins longue ; par cette envie qui, dans les démocraties comme sous les autres régimes, se tourne contre les renommées trop éclatantes, comme l'aiguille aimantée vers le pôle ; et, encore, car il faut tout dire, par les préoccupations électorales de politiciens qui, jaloux des plus grands soldats, éprouvent à les diminuer à leur profit une satisfaction qu'ils ne parviennent pas à dissimuler.

*
* *

J'ai une trop longue expérience des hommes pour en vouloir à l'un de ces écrivains d'avoir trouvé à la stupéfiante affirmation que « le commandement allemand a pu amener ses armées sur ses positions (de départ) sans que le commandement français en ait eu le soupçon », cette explication que je reproduis textuellement, — c'est ma seule vengeance : — « Nous expiâmes cruellement la destruction de notre service de contre-espionnage, consécutive à l'affaire Dreyfus, et le *chambardement* de ce deuxième bureau, si ardemment poursuivi alors par quelqu'un qui n'était pas encore *Polybe*[1]. »

L'auteur de ces lignes devrait savoir, le galant homme qu'il est n'aurait pas dû oublier que le propos imbécile et grossier qui me fut attribué a été démenti par les quatre honorables députés de droite auxquels je l'aurais tenu, MM. le comte de Lanjuinais, Berry, Dupuytren et René Gauthier. Nous n'étions pourtant pas « du même côté de la barricade », comme disait M. Clemenceau avec qui j'étais « de l'autre côté ! »

Mais quelle différence entre les accusations portées par nous, et plus tard confirmées par le verdict souverain de la plus haute magistrature, contre un quarteron de faussaires, d'escrocs et d'espions, et les allégations dirigées par cet écrivain, si prompt à ramasser des anecdotes controuvées et si peu soucieux de vérifier les textes, contre notre État-Major et notre Conseil supérieur de la guerre ! Alors que les desseins de l'ennemi sur notre frontière du Nord-Est « étaient visibles pour tout le monde », les chefs de l'armée se seraient trouvés,

1. Engerand, *Le secret de la Frontière*, p. 483.

eux, « par un phénomène aussi fatal qu'incompréhensible, comme écrit le général Berthaut, frappés d'aveuglement, on peut même dire de stupidité ! [1] »

Voilà pourtant « l'*effroyable aberration* d'une longue succession de nombreux hommes de métier qu'on n'hésite pas à signaler et à flétrir ». Et quelle autre « aberration » quand ce même État-Major général et ce même ministère de la guerre se refusent, comme on peut le lire sur les murs de toutes nos communes, à reconnaître « l'importance qu'il y aurait, pour hâter la fin de la guerre, à troubler l'extraction du minerai » de Briey [2] !

Je ne dirai certes point, parce que cela n'est ni de mon vocabulaire ni de ma manière, parce que rien ne serait plus loin de ma pensée qui cherche toujours à être équitable : « Qui donc *chambarde* ? » Mais il me suffit d'écrire et je veux écrire que la statue est de granit.

*
* *

Bien que le général Berthaut connaisse le mot fameux de Michelet sur la légende, « ce chiendent de l'histoire », il a entrepris d'extirper celui que

1. *Avant-propos*, p. 6.
2. Chambre des Députés, séance du 1ᵉʳ février 1919, discours de M. Engerand.

des mains imprudentes ont semé sur le terrain des premières opérations de 1914. Il n'est pas de ces théoriciens subtils qui suivent des sentiers obliques. Sans détour, il marche droit à l'adversaire dont il résume la thèse sans en rien dissimuler : « Depuis plus de vingt ans, plus de trente ans peut-être, tous nos ministres, tous nos membres du Conseil supérieur de la guerre, ont été abusés, n'ont rien vu, rien compris, et se sont inclinés devant l'opinion d'un État-Major qui les dirigeait, alors qu'ils auraient dû le diriger. Tous ont abdiqué leur autorité et leur jugement, en faveur de l'État-Major, et il n'y a pas eu parmi eux un seul homme qui ait eu l'énergie, non seulement de briser cet État-Major, mais même de protester ; pas un qui ait eu l'intelligence de sa responsabilité et de son devoir [1]. » Après la lecture des deux cents pages de ce petit livre, on va voir ce qui reste de cette « absurde conclusion ».

Interrogé l'autre jour sur les attaques dont était poursuivi, à propos de la métallurgie ménagée par la stratégie, le commandement de ses successeurs non moins que le sien : « Tout cela, répondait le maréchal Joffre, est de la politique, et je ne fais pas de politique. » Le maréchal Foch et le maréchal Pétain ne font pas davantage que lui de la poli-

---

1. *Avant-propos*, p. 4.

tique. Ils se sont contentés de faire de l'histoire, et quelle histoire ! Mais écrire l'histoire comme M. le général Berthaut, c'est aussi faire de l'histoire. Les contemporains reçoivent le choc direct des faits. Les faits risqueraient fort d'arriver déformés à la postérité si l'amour de la vérité ne poussait pas des hommes de haute conscience et de connaissances professionnelles étendues à les rétablir sans retard contre des inventions téméraires. Ces hommes sont les gardiens de l'une des gloires les plus pures qui fût jamais. Eux aussi, ils doivent à nos morts de ne pas permettre qu'on ose y toucher.

Février 1919.

Joseph REINACH.

AVANT-PROPOS

Depuis le mois d'août 1914, maintes fois nous avons entendu répéter cette observation, presque sans variante dans les termes :

« Notre mobilisation s'est effectuée avec un ordre et une régularité au-dessus de tout éloge. C'est une justice à rendre à notre état-major : Les trains de troupes se rendant vers la frontière passaient dans toutes les gares aux heures indiquées. Il n'y a eu ni accident grave, ni mécompte ; tout était réglé avec une précision de mouvement d'horlogerie. Comment donc notre état-major n'a-t-il pas compris que cette mobilisation si parfaite aurait dû porter nos armées non dans l'est, mais sur la frontière du nord, par où l'ennemi est entré en violant la neutralité belge ? Telle est l'erreur stratégique, la faute capitale du début de la guerre. Tout s'en est suivi. Notre territoire, non défendu, a été envahi ! »

Cela n'a pas seulement été dit. Plusieurs auteurs, parmi les nombreux écrivains qui ont déjà donné au public des livres sur la guerre, ont exprimé la même manière de voir. Il serait inutile d'examiner ici tout ce qu'a pu écrire chacun d'eux sur cette question. Des œuvres très documentées ont été produites, sincères sans nul doute, bien que tendant à soutenir diverses thèses spéciales, sans se préoccuper de savoir quelle en est la valeur dans la conception générale de la défense du pays. Elles ont examiné le problème de cette défense sous un certain angle, à un certain point de vue. L'attention s'est fixée, disons-nous, surtout vers la frontière du nord, affaire de très haute importance, mais qui cependant ne doit pas dispenser d'envisager les choses d'une façon plus générale, et cela, comme on le verra, dans l'intérêt même de cette région du nord, seule en cause.

La France, a-t-on fait remarquer, n'a rien à redouter de la vérité. Partant de là, s'il a été permis de formuler des critiques parfois très violentes, nous espérons qu'on nous permettra aussi de tout dire, ou du moins de dire *ce que nous savons*. La fin de la guerre, la mise hors de cause de l'Allemagne pour longtemps, doivent quelque peu nous délier de la discrétion qui nous était naturellement imposée au cours de notre carrière et même depuis. Ce que nous avons à présenter est désormais du domaine de l'Histoire.

On l'a répété souvent : *La stratégie, c'est le bon sens*. Certes, la stratégie n'est pas autre chose. « L'art de la guerre, dit Napoléon, est un art simple et tout d'exécution. Il n'y a rien de vague, tout y est bon sens [1]. » Mais la géométrie aussi est le bon sens. Une intelligence moyenne doit la

1. Napoléon, *Correspondance militaire.*

comprendre, et avec l'étude se l'assimiler. Cependant, il est peu d'intelligences supérieures, géniales, qui soient en mesure *de la créer*. Apprendre la stratégie, à la condition toutefois de posséder une éducation militaire préalable qui assure qu'on ne se trompera pas sur ce qu'elle enseigne, est à la portée de beaucoup d'esprits. Tout y est raisonnement ; mais on est plus certain de raisonner juste quand on sait comment ont raisonné les maîtres et qu'on peut appuyer son jugement sur le leur.

A ceux qui ignorent la guerre, le bon sens paraît prescrire de défendre la frontière dans chaque région et même sur chaque point où l'ennemi peut se présenter. Tel est pour eux le devoir strict du Commandement. En France, au début des hostilités, il a manqué à ce devoir, parce qu'il s'en est rapporté, dit-on, à *l'avis de l'état-major*, lequel, cependant, n'est pas autre chose qu'un organe de préparation, d'étude et d'exécution, sans responsabilité comme sans autorité propre, un instrument dont le chef dispose. Et l'avis de l'état-major était, paraît-il, qu'il fallait démanteler la frontière du nord, qu'il convenait d'ouvrir la porte à l'invasion. Pourquoi ? On n'en sait rien. *Notre mobilisation se faisait face à l'est*, s'écrie-t-on, et toute la région du nord restait en dehors de la zone des armées, tandis qu'il était évident pour tout le monde, pour l'homme le moins averti et le moins clairvoyant, que l'attaque allemande se préparait par le nord.

Alors, voici l'absurde conclusion qui s'impose : Depuis plus de vingt ans, plus de trente ans peut-être, tous nos ministres, tous nos membres du Conseil supérieur de la guerre, ont été abusés, n'ont rien vu, rien compris, et se sont inclinés devant l'opinion d'un état-major qui les dirigeait, quand ils auraient dû le diriger. Tous ont abdiqué leur autorité et leur jugement, en faveur de l'état-major, et il n'y a pas eu parmi eux un seul homme qui ait eu l'énergie, non seulement de briser cet état-major, mais même de protester ; pas un qui ait eu l'intelligence de sa responsabilité et de son devoir !

Après nos défaites de 1870, imputables en réalité à toute notre organisation militaire, à toute notre armée, il fallait un *bouc émissaire*. Ce fut le corps d'état-major. La loi de 1880 le détruisit. Son service, indispensable, fut dorénavant confié à des officiers de toutes armes, y passant à tour de rôle. Nous voyons cependant que la légende d'une institution spéciale, sorte d'aréopage intangible, imbu de préjugés, néfaste par conséquent, n'en subsiste pas moins dans certains esprits. En France, les légendes ont la vie dure.

De 1875 à 1914, nous avons eu quarante ministres de la guerre ; nous avons changé seize fois de chef d'état-major général, le titulaire de la fonction appartenant, comme origine, tantôt à une arme, tantôt à une autre. Les mutations ont été plus nombreuses encore parmi les sous-chefs d'état-major, les chefs des divers bureaux ou services, et enfin chez le personnel placé sous leur direction. Plusieurs centaines d'officiers de toutes armes, retournant périodiquement dans les troupes, ont contribué aux travaux de l'état-major de l'armée, et ont été plus ou moins, selon leurs fonctions, initiés aux plans de campagne. La loi les obligeait à des mutations fréquentes, dans l'intérêt de leur instruction, mais, il faut bien le reconnaître, parfois au détriment de celui du service. Seuls pouvaient se spécialiser ceux d'entre eux qui n'étaient pas *brevetés*, parce qu'ils échappaient aux prescriptions de la loi.

Les plans élaborés ont pu être modifiés comme application, en raison surtout de l'importance stratégique toujours croissante des chemins de fer, tandis que diminuait parallèlement celle des places fortes. Il a pu se produire des divergences d'opinions, au sujet de l'opportunité du maintien ou de l'abandon de certaines places, selon le rôle qu'elles pouvaient jouer dans l'ensemble ; mais l'idée directrice de la défense, la doctrine, n'a jamais varié. Telle elle était déjà en 1876, telle nous la voyons se révéler en 1914. Si cette doctrine était mauvaise, nul ne l'a compris, nul ne l'a signalé. Est-ce vraisemblable, et n'y a-t-il pas de quoi faire réfléchir ?

Quand les projets de l'ennemi étaient visibles pour tout le monde, pour tout individu cultivé, même ignorant de l'art de la guerre, par la raison que sa profession et ses études n'avaient jamais porté son esprit à y penser, notre commandement supérieur, et par surcroît tout cet état-major incriminé, dont l'attention constante, les travaux sans relâche d'année en année depuis nos défaites, étaient orientés vers un seul but, se trouvaient, par un phénomène aussi fatal qu'incompréhensible, frappés d'aveuglement, on peut même dire de stupidité !

Or, pendant les dernières années avant 1914, si la politique avait malheureusement introduit parfois dans l'avancement des officiers et dans le choix des chefs un élément douteux, il faut pourtant reconnaître que la majorité des nominations dans le haut commandement et la désignation aux divers services de l'état-major de l'armée représentaient toujours une sélection méritée parmi les hommes de science et de travail. Les nouveaux venus prenaient peu à peu connaissance des résultats acquis et assuraient pour leur part la suite du labeur énorme, ignoré du public, tenu secret par intérêt majeur, qui fut depuis 1873 celui de cette pléiade d'officiers de valeur passant leur existence à la tâche, et dirigés presque toujours par des chefs éminents.

L'histoire des travaux de cet état-major de l'armée mériterait d'être connue, aujourd'hui qu'elle pourrait être dévoilée sans danger pour la défense. Ce serait une noble et légitime récompense pour ceux qui y ont pris part. Mais cette histoire serait trop technique, trop aride, et le public même éclairé la comprendrait et s'y intéresserait difficilement, faute d'une initiation préalable.

Comment donc expliquer ou même admettre *l'effroyable aberration* de cette longue succession de nombreux hommes de métier qu'on n'hésite pas à signaler et à flétrir ?

Comment surtout un écrivain consciencieux, soucieux de se documenter, comment un esprit intelligent et ouvert peut-il se prononcer ainsi, dans de pareilles conditions, sans se dire : « Mais !... Je parle là de choses qui me sont peu familières, et je me trompe peut-être ? » L'assurance de l'auteur, sa foi entière dans l'infaillibité de sa raison, alors qu'il s'agit d'un ordre d'études qui lui est totalement étranger, sont pour nous sujets de stupéfaction profonde.

Aux accusations des incompétents, nos chefs d'armées dédaignent de répondre. Peut-être ont-ils raison ; car la conclusion victorieuse de la guerre répond pour eux d'une façon péremptoire. Peut-être aussi leur répugne-t-il de se défendre, de présenter en quelque sorte un plaidoyer *pro domo*. Et puis encore... Nous avons connu des hommes de hautes capacités, savants, artistes, personnages politiques, militaires même (il peut s'en trouver), qui s'inspiraient avec bonne grâce de cette pensée de Chamfort :

« Quand on veut plaire dans le monde, il faut se résoudre à se laisser apprendre beaucoup de choses qu'on sait, par des gens qui les ignorent. »

En ce qui nous concerne, il y a trop longtemps que nous avons cessé de prendre notre modeste part de la préparation de la guerre pour qu'on puisse nous soupçonner de chercher à défendre sinon notre œuvre, du moins une œuvre à laquelle nous ayons contribué si peu que ce soit. La fin de notre carrière a été absorbée par un service technique très spécial, en dehors des préoccupations stratégiques. Nous pouvons donc parler.

Nous n'avons consulté aucun de nos généraux en chef ni de leurs chefs d'état-major ; nous ne sommes ni leur avocat, ni leur interprète. C'est en notre nom personnel et sous notre propre responsabilité que nous prenons la plume. Nous le faisons parce que nous croyons utile de redresser des jugements faux, d'expliquer ce qu'est la guerre et ce qu'exige la défense, non pas d'une frontière, mais d'une nation et d'un pays. Nous exposerons de la façon la plus élémentaire comment les opérations militaires se conçoivent et se conduisent.

Pour le moment, nous n'insisterons pas davantage sur l'impression qui ressort de l'ensemble des critiques. Au surplus, dans cet ordre de choses, il ne sert à rien d'affirmer une opinion contraire à une autre. Il faut démontrer, et démontrer clairement. La question est celle-ci : La frontière du nord de la France était ouverte. Pourquoi et comment? A tort ou à raison ? C'est ce que nous allons examiner.

Nous n'écrivons pas pour nos camarades, car nous n'aurions rien à leur dire qui ne soit très connu et classique dans l'art de la guerre. Nous

nous adressons aux lecteurs étrangers à notre métier, qui peuvent avoir eu entre les mains des écrits
de tel ou tel auteur incompétent. Nous leur don-
nons quelques explications aussi peu techniques que
possible, pour éclairer leur jugement, et surtout
nous leur soumettons des raisonnements dont il
leur sera loisible d'apprécier la rectitude.

Général BERTHAUT.

l' « Erreur »

de

1914

I

MOBILISATION ET CONCENTRATION

Avant tout, il faut préciser la signification de certains mots et définir les opérations qu'ils représentent. On verra par la suite qu'il ne s'agit pas ici d'une discussion oiseuse, et qu'un exposé succinct des principes de la mobilisation et de la concentration n'est pas inutile, si on veut se rendre compte des situations respectives des belligérants. De ces principes, en effet, beaucoup plus que de leur application, qui peut varier, découle l'intelligence des dispositions initiales des armées, de notre côté comme du côté de l'ennemi.

On a représenté notre mobilisation comme divisée en plusieurs périodes successives, l'une concernant l'armée active, une autre l'armée territoriale, etc... la dernière période étant la concentration vers la frontière. C'est une manière simple de résumer une chose compliquée ; mais elle a le défaut de n'être pas conforme à la vérité. Il est certain que dans une ville de garnison de l'intérieur, un régiment actif se mobilise d'abord, puis évacue les locaux pour que s'y opère ensuite la mobilisation des régiments de réserve et territoriaux correspondants. Mais, dans une région frontière, les éléments territoriaux destinés à une place ou à un fort sont souvent mobilisés avant des unités actives rassemblées ailleurs ; sans quoi, ils risqueraient de ne pas pouvoir rejoindre leur poste à temps. Il n'y a donc pas de périodes tranchées dans la mobilisation. Ce qu'il faut retenir, c'est que tous les corps ou services se mobilisent *par ordre d'urgence*, qu'ils soient territoriaux ou actifs.

M. Hanotaux, dans son *Histoire illustrée de la guerre*, a relaté d'intéressants exemples de détails concernant cette vaste opération. Ils suffisent à donner idée du soin avec lequel elle est montée. On doit s'imaginer ce qu'est le travail incessant du temps de paix pour assurer le bon fonctionnement de tous les rouages du mécanisme. Nous ne pouvons en parler ici. Ce qui importe surtout, au point de vue de la démonstration que nous avons entreprise, c'est d'en dégager les grandes lignes.

La *mobilisation* n'est nullement répartie en phases ou périodes ; et elle est, sauf certaines exceptions justifiées, indépendante de la *concentration*.

La mobilisation est le passage *sur place* du pied de paix au pied de guerre. Ce qui la caractérise, c'est qu'en principe elle est *une*, quelle que soit la frontière menacée. A part les dispositions spéciales relatives à la région immédiatement voisine de l'ennemi, et on conçoit qu'il faille là des mesures particulières, toute la mobilisation de l'armée s'exécute de la même façon en tout état de cause.

La concentration, au contraire, est essentiellement variable. Elle dépend des conditions de la guerre imminente. Elle change suivant que les hostilités sont prévues contre une ou plusieurs puissances et selon les orientations géographiques de ces puissances. Elle peut même comporter des mesures de la première heure, sur lesquelles on reviendra plus tard, en face d'une puissance dont l'attitude est encore douteuse, etc....

Ainsi, tandis qu'il n'existe qu'une mobilisation, les *plans de concentration* peuvent être multiples, et chacun d'eux est modifiable et perfectible en ce qui a trait à son exécution. Le fait seul de l'ouverture de nouvelles lignes de chemins de fer, en améliorant les conditions du transport, introduit des changements dans chacun des plans de concentration relatifs à une hypothèse déterminée.

La mobilisation n'exige pas un mouvement considérable du matériel des chemins de fer. Les réservistes qui rejoignent individuellement leurs dépôts sont en très grande majorité domiciliés aux environs de ces dépôts. Il en est de même des territoriaux. Les isolés éloignés reviennent en général par les trains du trafic normal. Toutefois, il y a des exceptions, dans l'exposé desquelles il serait trop long et sans intérêt réel d'entrer ici. Et puis, comme on va le voir, certains transports de concentration commencent dès le premier jour de la mobilisation.

Les grands transports de concentration nécessitent un déplacement considérable et un groupement approprié du matériel roulant des chemins de fer, dans chaque hypothèse. Il s'agit en effet de prendre à pied d'œuvre les unités mobilisées sur tous les points du territoire national, pour les faire converger et les amener dans une zone qui est celle de la concentration. Ces transports commencent et se poursuivent *pendant la mobilisation*. Chaque unité (bataillon, batterie, section de munitions, etc.) peut être enlevée aussitôt prête à partir. La cavalerie, qui doit prendre le contact de l'ennemi à la première heure, n'a pas le temps d'attendre des réservistes ni des chevaux de réquisition. Elle part à raison de quatre escadrons sur cinq que compte le régiment, en complétant les quatre escadrons de guerre au moyen du cinquième.

Dans l'avenir, l'aviation sera comme la cavalerie expédiée de suite sur la frontière. Il en sera toujours de même pour tout ce qui devra se trouver à son poste sans tarder.

Ainsi, la concentration, indépendante de la mobilisation, la *chevauche* dans des conditions qui varient avec le plan appliqué.

On doit comprendre que la répartition du maté-

riel roulant et la détermination de tous les itinéraires à suivre, des jours et heures de départ, etc...
ne s'improvisent pas. Elles sont en temps de paix
l'objet continuel des études, des décisions, des
mesures préparatoires, des remaniements, d'une
part des compagnies de chemins de fer et de
l'autre de l'un des organes de l'état-major de l'armée, le 4e bureau, collaborant intimement avec ces
compagnies. Chaque réseau possède à cet effet
une commission mixte, moitié militaire, moitié
technique.

S'il fallait changer une concentration en cours
d'exécution, ce serait une opération de la plus
grande difficulté.

La prévision de concentrations différentes suivant les menaces de guerre exige un ordre parfait
et méticuleux. Pour éviter toute erreur, les pièces
diverses, consignes, ordres, graphiques de marche,
etc... qui ont trait à telle concentration, doivent
être immédiatement reconnaissables, soit marquées
de la lettre A par exemple ou imprimées sur du
papier bleu, tandis qu'un autre mécanisme de concentration aura pour caractéristique la lettre B ou
le papier rouge.

Les Allemands peuvent avoir plus de souplesse
que nous en ce qui concerne la mobilisation et
même les transports, parce qu'en Allemagne, jusqu'à présent, tout s'est incliné devant l'intérêt militaire. Il existe dans l'armée du temps de paix des
durées de service actif inégales suivant les armes,

et les mobilisations partielles sont possibles. Certains corps d'armée sont susceptibles d'être mobilisés à l'avance, et cette faculté a été mise à profit en 1914, longtemps avant la déclaration de guerre. Huit corps d'armée étaient renforcés et tenus prêts antérieurement à toute mesure officielle, même préparatoire. C'était autant de gagné comme temps, et de plus grandes facilités réalisées en vue des transports sur certaines lignes.

En France, de pareilles mesures sont inapplicables. La loi est la même pour tout le monde, et personne ne peut la transgresser. Il ne nous est pas permis d'appeler sous les drapeaux les réservistes ou les territoriaux bourguignons, si nous ne prenons pas la même décision, et en même temps, pour les bretons, les normands et tous les autres. De là vient que l'Allemagne peut, très avantageusement, *s'écarter des chemins battus*, tandis que nous n'en avons pas le droit.

Lorsqu'il s'agit, chez nous, d'organiser une armée expéditionnaire à envoyer au Tonkin, au Maroc ou ailleurs, comme il n'est pas nécessaire pour cela de mobiliser l'ensemble de nos forces et qu'il nous est interdit de les mobiliser partiellement, nous n'avons pas le choix des moyens. La seule ressource est d'écrémer l'armée active, en prélevant, surtout par appel de volontaires, dans tous les régiments, les effectifs nécessaires. Il en résulte pour l'armée un affaiblissement qui n'est pas sans danger, au cas où surviendrait une guerre européenne entraînant la mobilisation. A cela, l'État-major général, le Commandement, le Ministre de la guerre lui-même ne peuvent rien. Ce n'est pas affaire de technique militaire ; c'est affaire de lois sociales.

La concentration sur la zone déterminée à l'avance ne s'exécute pas plus *face à l'est* que face à autre chose. Elle consiste à amener par les routes les éléments proches, par les chemins de fer les éléments éloignés, dans une région étendue en largeur et en profondeur, où s'échelonnent les quais de débarquement, et dont les dimensions dépendent des effectifs, c'est-à-dire de la force de l'armée qu'on y réunit. De cette région des cantonnements et bivouacs de concentration partent ensuite les colonnes, dans un sens ou dans un autre, face à l'est ou face à une autre orientation, s'il y a lieu, pour marcher à l'ennemi.

La concentration proprement dite, telle que nous venons de la définir, ne peut s'effectuer que sur un espace absolument à l'abri d'une offensive de l'adversaire. Il est facile de comprendre, en effet, que tous ces services divers et toutes ces troupes arrivant à la file, débarquant des wagons pendant dix à quinze jours leurs chevaux, leurs canons, leurs voitures, ont d'abord à se regrouper en régiments, brigades, divisions, corps d'armée, vers des points qui leur sont assignés par des états-majors et qui ont été déterminés aussi dès le temps de paix. Cela ne se fait pas en combattant. Lorsque tout est arrivé, cantonné ou bivouaqué là où il convient, par unités constituées, de la plus petite à la plus grande, alors seulement l'armée est concentrée, prête à agir, et peut se mettre en route à la rencontre de l'ennemi. Elle marche dans l'ordre voulu par son déploiement pour la bataille. Cet ordre, on peut le définir en quelques mots :

On ne doit mettre sur une même route, en les disposant les uns derrière les autres suivant la façon de les engager, que les éléments susceptibles de prendre part à une même affaire, lorsqu'il s'agit d'éléments de première ligne. Par suite, la longueur d'une colonne ne doit pas atteindre celle d'une journée de marche, car alors la queue de la colonne n'arriverait au combat que le soir ou dans la nuit du jour où la tête commencerait à se déployer devant l'ennemi. Donc, les corps d'armée de première ligne se meuvent autant que possible par des routes parallèles et à intervalle de déploiement, c'est-à-dire séparées les unes des autres par 5 à 8 kilomètres environ. Presque partout, le réseau routier est tellement développé de nos jours que ces conditions sont réalisables avec assez de facilité dans les pays de plaine ou moyennement accidentés.

Ceci permet de comprendre pourquoi Napoléon a dit : « C'est un principe qui n'admet pas d'exception que toute jonction de corps d'armée doit s'opérer en arrière et loin de l'ennemi. »

Effectuer la concentration sur un territoire où l'on peut être devancé par l'ennemi, c'est risquer de faire prendre en flagrant délit de jonction et même de reconstitution et, par suite, battre et rejeter en désordre toutes les unités de l'armée individuellement, avant que cette concentration ne soit un fait accompli.

Pendant les premières années après nos défaites de 1870, l'organisation de notre nouvelle frontière au contact de l'Allemagne était à peine ébauchée, à si peu de distance des places toujours bondées de troupes de Strasbourg et surtout de Metz, d'une région où l'adversaire avait toute facilité de masser à tout propos de gros effectifs. Étant donnée la *force de pénétration* de cet adversaire, incomparablement supérieure à la nôtre en raison de l'insuffisance de nos chemins de fer stratégiques et du retard inévitable de notre mobilisation et de notre concentration, cette dernière devait être forcément reportée en arrière, loin de la frontière, sous peine de courir à un désastre au début même des hostilités.

La grande question était beaucoup plus celle des chemins de fer que celle des fortifications ; car le véritable instrument de guerre, aujourd'hui, tout aussi bien dans la défensive que dans l'offensive stratégique, est le chemin de fer. La suite de cette étude le prouvera pleinement. La supériorité de l'Allemagne sur nous, à ce point de vue primordial comme à tant d'autres, était très grande. Ce mot si juste « la Prusse est une armée qui a un pays » s'appliquait à tout l'empire allemand régi par la Prusse. Les chemins de fer y étaient conçus dans l'intérêt de la guerre d'abord ; le trafic en profitait, mais il n'en imposait ni le tracé, ni le doublement et parfois le quadruplement des voies. Chez nous, c'était tout le contraire ; tous les intérêts divers du temps de paix passaient avant celui de la défense, et nos plans de concentration mettaient ensuite à profit, comme ils le pouvaient et pour le mieux, le réseau qui en résultait. Lorsque nous voulions faire établir un tronçon de ligne plus spécialement stratégique, il fallait, pour en obtenir l'exécution, le payer et très cher. Il n'en est pas moins vrai que depuis 1876 jusqu'en 1914, une très grande quantité de voies ferrées ont été mises en service qui ont puissamment aidé à améliorer peu à peu les conditions de notre concentration et ont permis de la rapprocher autant que possible de la frontière menacée, en cédant à la pénétration ennemie une zone de moins en moins profonde.

Avant d'aller plus loin, il est nécessaire de bien établir quels sont les éléments qui constituent vis-à-vis de nous cette *force de pénétration* de l'Allemagne, car l'intelligence des conditions de la guerre en dépend.

Le premier de ces éléments est le chiffre plus élevé de la population, 70 millions d'habitants contre 39 et demi. Ce chiffre, qui approche du double, donne une armée dont l'effectif total est en proportion près du double aussi.

Le second est l'organisation du réseau ferré, qui permet plus vite que le nôtre de porter les armées, déjà plus fortes, sur le théâtre de la guerre. Il suffit d'un coup d'œil sur une carte des chemins de fer pour constater que le réseau allemand est plus dense que le nôtre et surtout réparti d'une façon plus homogène, permettant mieux les mouvements dans toutes les directions. Ceci tient à ce que notre organisation des chemins de fer se rapporte à un point commun, Paris, tandis que le réseau allemand a toujours relié, dès le principe, un certain nombre de capitales à peu près équivalentes. Lorsqu'un réseau convient à une grande centralisation, on peut le corriger dans une certaine mesure, l'améliorer avec le temps, mais on n'en change pas l'économie générale.

En troisième lieu, la volonté de faire la guerre, opposée à notre désir du maintien de la paix, est un autre élément de la force de pénétration. Tout, en Allemagne, est subordonné à l'idée de guerre et combiné en vue d'aider à la guerre. Pendant quarante ans, l'*usinage* a subi cette influence directrice, alors que nous tendions plutôt vers le désarmement par les modifications successives apportées à nos lois et à nos institutions militaires.

Quatrièmement, la volonté de faire la guerre entraîne celle de l'initiative de cette guerre, celle de l'offensive, et par suite le choix du théâtre d'opérations.

Enfin, il résulte encore de cette volonté que la mobilisation allemande a toujours pu prendre une grande avance sur la nôtre, et que la concentration elle-même a pu être effectuée en partie avant que la mobilisation ne fût décrétée de notre côté. A ce seul point de vue, l'Allemagne a pu gagner sur nous un très sérieux avantage.

Revenons à la question des chemins de fer :

Il serait fastidieux d'énumérer ici toutes les lignes qui ont été ouvertes au cours des quarante dernières années et dont notre concentration a pu bénéficier. Tous les chemins de fer, nous l'avons fait remarquer, participent plus ou moins, suivant leur orientation, à une concentration déterminée. Bornons-nous, pour donner une idée du développement du réseau, à l'indication de quelques voies créées depuis 1876 dans le voisinage de la zone frontière la plus intéressante :

Remiremont-Gérardmer ; Rambervillers-Bruyères ; Baccarat-Badonvillers ; Remiremont-Les hautes vallées de la Moselle et de la Moselotte ; Jussey à Épinal par Darney ; Épinal-Mirecourt-Neufchâteau ; Épinal-Vittel-Chalindrey ; Neufchâteau-Gondrecourt ; Mirecourt à Toul par Colombey ; Mirecourt à Toul par Vézelise ; Joinville à Commercy par Gondrecourt, etc... Citons enfin la très importante ligne Saint-Florentin-Troyes-Brienne-Vitry-le-François. Ce sont tous ces chemins de fer, et tant d'autres, qui nous ont permis, de progrès en progrès, d'activer la concentration, de dégager les itinéraires trop encombrés, et enfin de lutter dans une certaine mesure contre la puissance militaire supérieure de l'Allemagne.

On doit facilement concevoir que s'il y avait quelque part un étranglement ou une pénurie de voies ferrées, par exemple dans le centre de la France, entre la zone de concentration et les territoires des 16e corps (Montpellier), 17e (Toulouse), 18e (Bordeaux), quel que soit le développement général des réseaux par ailleurs, l'arrivée de ces corps d'armée vers l'ennemi s'en trouverait retardée dans une mesure correspondant à l'étroitesse de l'étranglement.

Les zones de débarquement de nos forces étaient prévues et préparées dans l'espace compris entre Chaumont, Langres, Neufchâteau, Mirecourt et Jussey, dès le premier plan de concentration qui fut élaboré en 1876. Mais le calcul avait fait reconnaître qu'alors, en raison de l'état de nos forteresses et surtout de nos chemins de fer, les lignes de bataille défensives à occuper devaient être, suivant les circonstances, reportées plus en arrière. On envisageait l'éventualité de tenir les positions offertes par les vallées parallèles de la Marne, de l'Aube et même de la Seine, vers Châtillon et Bar-sur-Seine, prolongée au sud. Jamais il n'a été question d'effectuer, comme on l'a dit, la réunion de nos armées sous Paris, ce qui eût été la pire et la plus impardonnable des fautes. Nous en reparlerons.

Ainsi, nous étions exposés à sacrifier peut-être une très grande partie de notre territoire, dans l'intérêt même de la défense, pour avoir la possibilité de résister d'abord, et pour réunir toutes les chances de vaincre que nous pouvions escompter.

C'est là, nous le savons, une conception très difficilement admise par les esprits qui n'ont pas l'habitude de raisonner les problèmes de guerre. Pour eux, l'armée ayant le premier devoir d'interdire à l'ennemi l'accès du territoire national, c'est sur la frontière et non ailleurs que cette armée doit être, et tout le long de cette frontière. Nous examinerons ceci et nous le discuterons en temps utile.

Quant à présent, et pour étudier les choses dans un ordre progressif et logique, retenons simplement que la mobilisation et la concentration sont deux opérations indépendantes l'une de l'autre et de nature différente. Rappelons qu'il n'existe qu'une mobilisation, tandis qu'il peut, qu'il doit même y avoir plusieurs concentrations prévues, dans l'hypothèse de la défense du territoire, comme dans celle d'une guerre offensive portée chez l'ennemi. Ajoutons que de toute façon, que ce soit dans un but offensif ou défensif, toute concentration doit être effectuée sur un terrain où l'on ait la certitude que l'opération ne sera pas troublée par l'adversaire.

Le cas de la défense est naturellement le nôtre. Une république ne peut pas avoir de visées offensives. Si son gouvernement voulait déclarer la guerre sans y être contraint par la menace de l'ennemi, il ne le pourrait pas. Le Parlement ne s'y prêterait pas. Une république *subit la guerre* et c'est là une condition notoire d'infériorité. Les États-Unis ne sont entrés dans le conflit général qu'après avoir été longtemps provoqués.

En temps de paix, le devoir de notre commandement, secondé par l'état-major de l'armée, est d'élaborer, à l'exclusion de toute autre chose, les projets de défense, et d'assurer dans la limite du possible leur exécution. Il doit étudier toutes les hypothèses de guerre avec l'une des puissances voisines et même avec deux ou plusieurs de ces puissances, en partant de ce principe que l'agression viendra d'elles et non de nous, et s'arrêter en conséquence aux solutions, nous ne dirons pas les meilleures, mais *les moins mauvaises* en tout état de cause.

Le cas de l'attaque est celui de l'Allemagne, ne cherchant d'année en année qu'à faire naître la querelle, ou même le prétexte d'où la guerre sortira. Elle sait ce qu'elle veut. Mais elle aussi, en dehors de ses mesures de mobilisation qu'il lui est facile de prendre d'avance, du moment que son parti est arrêté, elle aussi doit avoir prêtes à fonctionner plusieurs concentrations différentes.

Celle qu'elle adoptera sera dictée par notre propre dispositif de défense.

Alors, elle pourra prescrire pour certaines parties

de ses forces totales des mesures *ne varietur*, tandis que pour d'autres, tel ou tel mécanisme fonctionnera, selon que nous aurons de notre côté résolu de telle façon ou de telle autre le problème de notre défense.

Nous prions le lecteur de méditer ceci, car c'est un point très important. Nous verrons plus loin comment ce que nous venons de dire s'applique aux circonstances de la dernière guerre. Nous insistons sur ce fait que les variantes de l'attaque allemande selon nos propres préparatifs sont rendues possibles par l'indépendance des plans de concentration, alors que la mobilisation s'exécute d'une seule manière.

II

LA DÉFENSE DU TERRITOIRE NATIONAL

Il est entendu que la conception de la guerre, en France, est celle-ci :

Nous ne cherchons querelle à personne ; nous ne demandons que la paix. Si nous prenons les armes, c'est contre notre volonté. Nous ne pouvons nous y résoudre que pour nous défendre, pour sauvegarder notre liberté et notre existence. Nous éviterons jusqu'à la dernière heure toute mesure qui pourrait nous entraîner malgré nous, qu'on pourrait interpréter contre nous. Le décret de mobilisation ne sera promulgué que quand tout espoir d'arrangement sera perdu. Et encore, pour bien souligner notre protestation, nous aurons soin de tenir nos troupes les plus avancées à 10 kilomètres en deçà de la frontière. C'est une attitude absolument correcte, inattaquable au point de vue des responsabilités.

Mais il ne faut pas en tirer la conclusion suivante :

L'armée ne sera envoyée sur la frontière que pour fermer la porte à l'ennemi, lui interdire de fouler le sol national, l'empêcher sur tous les points de le

violer et de le soumettre aux horreurs de la guerre.
Telle sera la mission de l'armée. Elle devra la remplir partout à la fois et s'y limiter

Le premier vice de cette conclusion, c'est qu'elle
admet et consacre d'avance l'initiative de l'ennemi,
sans lui opposer autre chose qu'une passivité sous
les armes, sans préparer aucune riposte. Notre voisin veut la guerre et par conséquent la prépare.
Il le fait aussi secrètement qu'il peut, il dissimule
sournoisement ses véritables projets. De cela, il
faut tenir compte en adoptant des dispositions
qui permettent de varier la réponse.

On a reproché à notre commandement d'avoir
ignoré que l'Allemagne avait l'avance, comme si
une telle ignorance était possible, que sa mobilisation se faisait depuis un mois, a-t-on dit, et que
par suite elle avait l'initiative. En effet, cette initiative ne faisait aucun doute ; on devait savoir, et on
savait. La mobilisation allemande avait commencé
dans tout l'empire par de soi-disant préparatifs
qui cachaient plus ou moins adroitement non seulement la mobilisation elle-même, mais d'importantes
concentrations, venant s'ajouter à d'autres qui nous
étaient connues de tout temps, en face et directement
devant nous, et qui existaient en permanence, même
aux heures où la paix semblait le mieux assurée.
Donc, l'ennemi était prêt, et d'un jour à l'autre il
pouvait tomber sur nous comme un ouragan. Nous
devions être dans l'incertitude sur son plan d'attaque,
puisqu'il lui était loisible d'avoir toutes prêtes à

fonctionner plusieurs combinaisons et qu'il suffirait d'un ordre pour déclencher telle ou telle. Il pouvait, d'ailleurs, faire courir de fausses informations, démasquer ostensiblement certaines vues et se réserver d'agir d'une façon toute différente de ce qu'on devait supposer. Ce n'est pas là un des moindres avantages de l'initiative de la guerre. L'Allemagne pouvait aussi bien nous attaquer directement, en débouchant d'Alsace-Lorraine, que violer l'une des deux neutralités à droite ou à gauche.

On a prétendu que notre frontière de l'est était « quasi infranchissable ». C'est extrêmement exagéré ; nous ne tarderons pas à le prouver.

Nous avons parlé de la *zone de marche* et indiqué que pour engager la bataille sur un front qui, comme largeur, corresponde aux effectifs, il faut que cette zone soit parcourue, autant que possible perpendiculairement au déploiement, par autant d'itinéraires routiers qu'il existe de corps d'armée de première ligne. Ceci s'applique aux marches d'approche. Mais lorsqu'on arrive au contact, on peut lancer en avant dès le premier moment des masses profondes. A cet effet, on prépare le déploiement hors de portée de l'adversaire, en arrêtant les têtes de colonnes et en faisant serrer sur elles les unités qui viennent derrière, avant de se démasquer. Les Allemands ont souvent pratiqué cette manœuvre, surtout en la dissimulant à la faveur de massifs forestiers. Il n'en est pas moins vrai qu'en ce qui concerne les mouvements par les routes, depuis les débarquements de chemin de fer jusqu'au contact imminent, l'observation des zones aussi régulièrement constituées que possible s'impose.

En 1870, le front total de marche allemand était limité à droite et à gauche par la Belgique et la Suisse. Mais au point de vue des déploiements possibles, il n'avait pas le même intérêt partout. A cette époque déjà, l'ennemi jugeait trop étroite la partie réellement utilisable pour l'accomplissement de ses mouvements offensifs. Il y avait des contestations entre les généraux, à l'égard des routes qui leur étaient attribuées. Le prince Frédéric-Charles alla même jusqu'à donner un ordre pour que certaines de ses routes d'étapes fussent dégagées *au besoin par la force*.

En 1914, les deux termes extrêmes imposés par les pays neutres étaient les mêmes qu'en 1870. La forme et l'emplacement de la frontière politique avaient changé, mais l'intervalle, le passage géographique, pour les masses amenées de toute l'Allemagne, restait le même. Les territoires où il était possible de faire mouvoir ces masses, en dehors des parties montagneuses, ne s'étaient pas élargis. Si l'espace était trop étroit en 1870, à plus forte raison l'était-il encore en 1914, puisque depuis quarante ans l'armée allemande s'était accrue hors de toutes proportions. La violation d'une neutralité ne devait donc pas être douteuse. Comme l'a dit Bethmann-Holweg : *Nécessité n'a pas de loi*, ou encore : *On passe comme on peut.*

En présence d'une telle éventualité à peu près certaine, que devions-nous faire? Garnir de défenses et de troupes toute la longueur de notre frontière, depuis la Suisse vers Belfort, ou peut-être même depuis le Rhône, jusqu'à Dunkerque ? Nous allons voir.

Si on admet tout à la fois la violation de la Suisse et de la Belgique, il est inutile, pour compter les distances, de s'arrêter à tous les détours de la frontière, qui, surtout au nord, suit un tracé arbitraire, n'ayant rien de commun avec le terrain et avec les fronts possibles de défense. Il suffit de tabler sur une ligne droite de la mer aux Vosges, au Donon, où change la direction générale, et une seconde ligne droite du Donon au fort l'Ecluse, sur le Rhône. Au total, c'est un développement de 750 kilomètres.

Un corps d'armée à deux divisions, en formation de combat, tient un front de 5 à 8 kilomètres. Supposons une moyenne de 7 kilomètres et demi. On voit que l'occupation de la frontière, en position d'attente partout, pour repousser l'ennemi de front en n'importe quel point, exigerait la présence d'une centaine de corps d'armée en première ligne, sans compter les réserves.

Dans une évaluation aussi générale et approximative que celle-ci, nous ne pouvons pas tenir compte des intervalles laissés entre les diverses unités. Ils sont, en principe, compris dans les chiffres. Leur largeur dépend du terrain, des appuis que rencontrent les flancs, etc... D'une part, ces intervalles doivent être assez larges pour que les corps d'armée et les armées aient la liberté de leurs allures, sans se gêner mutuellement ; d'autre part, ils doivent être maintenus dans des limites assez étroites pour que les forces trouvent un soutien réciproque et soient en mesure de concourir à une même action. L'ensemble n'est pas une *barre rigide*, c'est une *chaîne articulée*.

Ce dont nous pouvions disposer de troupes, en 1914, sur la frontière, dépendait du degré d'avancement de nos transports au moment de l'agression allemande. Si cette agression se produisait de suite, et ce pouvait être le 4 août, date à laquelle commença l'attaque de Liége, notre mobilisation ne fonctionnait encore que depuis deux jours et rien n'était en ligne que nos troupes *de couverture*, toujours tenues en prévision d'événements de ce genre à effectifs renforcés dès le temps de paix, occupant les positions de défense qui prenaient appui sur nos places fortes. Si l'agression tardait, nos corps actifs arrivaient à la concentration, puis nos divisions de réserve. Certaines de ces dernières étaient en ligne même avant certains corps actifs, le 19e, par exemple, venant d'Algérie. Nous devions avoir au total 21 corps actifs mobilisés, à chacun desquels s'adjoignait une division de réserve. L'armée anglaise, forte d'environ 70.000 hommes, nous donnait deux corps d'armée de plus. Soit en tout 23. Eux seuls pouvaient être appelés à recevoir le premier choc, tandis que se mobilisaient d'autres unités territoriales et se constituaient d'autres formations.

On doit reconnaître que si la bataille pouvait être différée, ce qu'il n'était pas possible de savoir d'avance, puisque tout dépendait de la volonté de l'ennemi, les divisions de réserve auraient eu, de toute façon, à constituer les réserves d'armées et les réserves générales, totalement inexistantes dans le calcul d'ensemble que nous venons de présenter. Il n'était donc pas possible d'évaluer le front de combat des corps d'armée à plus que ne comporte la présence des divisions actives.

Ainsi, même lorsque nos transports des corps actifs et de leurs divisions de réserve furent terminés, nous ne possédions pas *le quart* de ce qu'il eût fallu pour faire face même aux premières nécessités sur une ligne de défense aussi étendue que la frontière totale. Il n'y avait donc pas à y songer.

Maintenant, si nous admettons la violation de la Belgique comme certaine, mais la neutralité suisse comme devant être respectée, parce que le front allemand n'exige rien en fait d'extension en dehors du passage par la Belgique, la ligne à garder court de Belfort à Dunkerque. Nous disons Dunkerque parce que si cette ligne est arrêtée avant d'atteindre la mer, la frontière du nord ne présentant pour un flanc aucun appui naturel solide nulle part, l'extrémité reste forcément en l'air et destinée à être tournée. Dans ce cas, la longueur se réduit à 550 kilomètres, qui, divisés par le chiffre moyen 7.500 admis pour un front de corps d'armée, nous demandent encore 73 corps d'armée, soit plus de trois fois la totalité de nos ressources [1].

On voit par ce calcul très simple et irréfutable qu'avoir la prétention de garder toute la frontière, pour y combattre défensivement là où il conviendra aux Allemands de se présenter, est une utopie.

On objectera que nous ne tenons pas compte du secours que doivent nous donner les places fortes. Nous l'examinerons plus loin, en temps utile. Si nous voulons être clair, il nous faut ne pas parler de tout à la fois et traiter les questions l'une après l'autre. Pour l'instant, nous envisageons celle de la concentration... ou non de la non-concentration.

Le premier jour de la mobilisation française est le 2 août. Le 4 août, les masses allemandes attaquent Liége, et tout en bombardant les forts, presque immédiatement passent la Meuse. A cette date, avons-nous dit, nous n'avons vers la frontière d'Alsace-Lorraine que nos troupes de couverture, et c'est peu, au cas où la poussée de l'ennemi, au lieu de se développer sur la frontière belge, s'exercerait sur la nôtre, ce qui peut se produire vers cette même date du 4 août. Il est donc de la plus extrême urgence que nos corps d'armée mobilisés, aussitôt prêts, soient transportés sur les positions de défense

---

1. Au moment de la violation de la neutralité belge, l'armée anglaise n'existait pas à nos côtés. Elle commença à débarquer le 7 août et ne nous rejoignit que le 21.

de la frontière de l'est, *la seule sur laquelle nous n'avons pas le temps de voir venir*. Plus les jours passent, plus notre situation s'y consolide. Elle restera cependant longtemps précaire, par la raison qu'avec sa *force de pénétration* l'Allemagne dirige à l'ouest 2 millions d'hommes, dont environ un million et demi de combattants. Elle a mis sur pied tout d'abord 45 corps d'armée, en très grande majorité orientés contre nous. Sur la frontière russe, elle envoie peu de troupes, la mission d'attaquer la Russie étant dévolue à l'Autriche.

Quelque disposition de défense que nous prenions, une force égale à la nôtre peut l'équilibrer, et il reste en outre une autre force presque aussi grande pour agir sur tel théâtre d'opérations que l'ennemi choisira, et à laquelle, au début de la guerre, nous n'avons encore rien à opposer.

Si, au lieu de nous concentrer dans l'est, nous faisons la part de la frontière du nord, cette frontière ayant un développement au moins égal à celui qu'on mesure entre Longwy et Belfort, nous ne compterons guère plus vers l'est qu'une dizaine de corps d'armée, c'est-à-dire le quart de l'armée allemande. L'ennemi, dont les plans d'attaque se plient aux circonstances et s'adaptent à nos propres mesures de défense, ne l'oublions pas, pourra se borner à une démonstration devant la Belgique et nous écraser par une violente agression brusquée dans l'est, alors que la moitié de nos forces resteront inutilisées dans le nord, et qu'elles ne pourront arriver à la bataille, en quittant la frontière de Belgique, que trop tard, et pour se faire battre à leur tour.

Ainsi donc, il est incontestable que le souci de la défense, non pas de telle ou telle frontière, mais *du pays*, veut que nous réunissions tous nos moyens en une seule masse, dans l'est. Cette vérité, reconnue depuis si longtemps par tous les hommes de guerre qui ont étudié ces choses de près, ressortira davantage à mesure que notre travail se poursuivra.

Les raisons stratégiques que nous venons d'exposer et auxquelles, comme on le verra, viendront s'en ajouter d'autres, ne sont pas les seules qui nous aient obligés à nous concentrer dans l'est et non dans le nord :

« La concentration telle que l'a prévue l'état-major français part de cette donnée que la politique et la diplomatie, et l'honneur, ont imposée à la stratégie : Respecter la neutralité du territoire belge, n'y pénétrer que si les Allemands y entrent.

« En outre, cette volonté française d'observer les traités internationaux qui portent la signature de la France, il faut qu'elle soit évidente, qu'elle apparaisse clairement aux alliés éventuels et aux neutres. Le dispositif initial ne doit prêter à aucune ambiguïté [1]. »

A ne considérer que les motifs militaires, à moins de disposer en face de l'ennemi d'une supériorité tellement grande qu'on puisse laisser de côté tout calcul et toute combinaison, la solution défensive

1. Joseph Reinach, *La guerre sur le front occidental.*

qui consiste à occuper la frontière partout et à y attendre l'ennemi est toujours à rejeter. C'est ce qu'on appelle le dispositif *en cordon*. Il a été condamné de tout temps, aussi bien par le raisonnement que par l'expérience et par l'opinion de tous les maîtres. Napoléon en parle souvent. On lit dans une note qu'il adresse au major général, au sujet d'un mouvement opéré en Espagne, en 1808 :

« Qu'est-ce que ce projet de faire marcher le maréchal Bessières sur Frias, en étendant sa droite sur Bilbao et Santander ? Est-ce qu'on a adopté le système des cordons ? Est-ce qu'on veut empêcher la contrebande de passer à l'ennemi ? Qui est-ce qui peut conseiller au roi de faire des cordons ? Après dix années de guerre, doit-on revenir à ces bêtises-là ? »

Mais ce système est d'un emploi si simple et si commode ! Il dispense celui qui l'emploie de toute conception stratégique et met avant tout sa responsabilité à couvert. Laisser la porte ouverte à l'ennemi, c'est, en effet, en assumer une très lourde. Pour agir ainsi, il faut avoir un caractère trempé et une science de chef. Le général qui peut dire : il y a ici un pont, je l'ai gardé ; plus loin, un village, j'y ai mis un bataillon ; plus loin encore une usine, je l'ai occupée, etc..., ce général a tout sauvegardé ; il n'a rien omis ; on n'a le droit de lui reprocher aucune négligence ; on ne peut l'accuser de quoi que ce soit. Partout où l'ennemi se présentera, il trouvera à qui parler ! Ce général est un brave et digne homme ; mais il a pris les meilleures dispositions pour être battu. En fait d'art militaire, c'est un ignorant et un incapable.

L'armée doit être réunie dans un espace en rapport avec sa force, si on veut qu'elle soit en situation de livrer bataille, de soutenir le choc et de renouveler ses efforts avec des chances de succès. Telle est la condition essentielle de la guerre, et toute considération étrangère passe après.

On a dit avec une apparence de raison que le front couvert de tranchées sur lequel la lutte s'est stabilisée si longtemps, en France, était à peu près de même longueur que la frontière depuis la mer du Nord jusqu'à la Suisse, et que, par conséquent, ce qui a été fait sur ce front aurait pu et dû l'être sur cette frontière. Ainsi, le territoire national se serait trouvé préservé. On a ajouté que si cette mesure n'avait pas été prise dès le début des hostilités, c'est parce qu'on n'avait pas encore la notion de la guerre de tranchées, qui a permis cet équilibre sur un front si étendu, protégé partout par les fortifications de campagne, presque sans interruption. Mais qui donc ignorait la guerre de tranchées ? Si nous ne la soupçonnions pas, à quoi donc étaient destinés les outils de pionniers que portaient nos soldats, et les voitures d'outils de terrassiers qui faisaient partie du *train de combat* ? La guerre de tranchées est de tout temps. Est-ce son développement qui nous a surpris ? Mais il suffisait pour connaître ce développement de savoir ce qui s'est passé en Mandchourie, au cours de la guerre russo-japonaise. Une guerre est toujours le meilleur enseignement à méditer, au point de vue de la suivante. Qui donc, parmi nous, n'a pas étudié la guerre russo-japonaise ?

Quant à la longueur du front de contact, elle est en rapport avec les effectifs. Ceux de la stabilisation qui s'achève à la mer du Nord le 15 octobre 1914, c'est-à-dire deux mois et demi après le commencement des hostilités, ne sont pas ceux du 4 août. Tandis que le 2 août, premier jour de notre mobilisation, les Allemands ont déjà sur pied des forces considérables, notre concentration ne commence que le 5 août par les transports les plus urgents, et elle ne s'achève que le 20 août. Des transports par chemin de fer de divisions de réserve, de formations territoriales de campagne, ne commencent à s'ajouter à l'armée active que dans la seconde quinzaine d'août. A Charleroi, nous n'avons ni la 6ᵉ armée (Maunoury), ni la 9ᵉ (Foch) dont nous disposons pendant la bataille de la Marne. Au cours de cette bataille, nous ne possédons encore ni la 8ᵉ armée (d'Urbal), ni la 10ᵉ (de Maudhuy), lesquelles prennent plus tard leur place sur le front qui s'étend de la région de Compiègne à la mer, avec bien d'autres formations, parmi lesquelles les fusiliers marins et l'armée belge venant d'Anvers. Ajoutons encore les unités provenant des parties du front en dehors de la bataille. Nous n'avons, à ce moment, ni nos troupes coloniales, ni celles de l'armée anglaise, qui elle-même se développe de mois en mois, etc.... De leur côté, les forces allemandes s'accroissent aussi. Ce qui est devenu possible pendant les mois de septembre et d'octobre ne l'était pas pendant la première période ; bien que les victoires russes durant un mois, du 16 août au 16 septembre 1914, en Prusse Orientale, aient détourné du front occidental beaucoup de renforts destinés à y être envoyés.

D'autre part, la stabilisation ne résulte pas de la fortification face à face des deux fronts opposés. Au contraire, le développement des tranchées est la *conséquence* de l'équilibre préalable.

Sur la frontière belge, nous avons été battus à Charleroi ; nous avons rétrogradé en combattant pour avoir le temps et la possibilité d'augmenter nos forces ; puis, nous avons attaqué à notre tour, dans les conditions que l'on sait ; notre victoire nous a rendu beaucoup de l'espace perdu, jusqu'à une ligne où l'équilibre s'est réalisé. Cette ligne d'équilibre a été déterminée en raison du terrain, surtout par suite de la lassitude des deux adversaires, par le manque momentané de munitions, par l'impossibilité de continuer la lutte à découvert. Les Allemands les premiers s'y sont fortifiés, en prévision de nos attaques futures. Ils se sont abrités contre le feu et nous en avons fait autant devant eux. La bataille de mouvement s'est transportée à l'extrémité libre des lignes dans la région de Compiègne.

L'équilibre s'est établi aussi là peu à peu et de proche en proche, jusqu'à la mer du Nord, entraînant la fortification des fronts.

Sur la frontière de l'est, nous avons d'abord pénétré en Lorraine annexée et en Alsace. Puis, nous avons été arrêtés, et nous avons reculé jusqu'à ce que l'équilibre fût obtenu, sur les positions du Grand Couronné et autres. Nous avons les premiers fortifié nos positions parce que nous reculions, comme les Allemands ont les premiers fortifié les leurs en Champagne et dans le Soisonnais en conséquence de leur recul, et là encore, les lignes de tranchées n'ont pas été la *raison* mais le *résultat* de l'équilibre. Une fois cet équilibre réalisé et consolidé par l'installation en profondeur des zones fortifiées, alors la guerre de tranchées passant à l'état chronique a comporté de part et d'autre des dispositions de sûreté spéciales, qui ne sont plus les déploiements de la bataille, et permettent de reporter en arrière le gros des effectifs.

Depuis, toutes les fois que des concentrations effectuées dans tel secteur ou dans tel autre, soit de notre part, soit de celle de l'ennemi, ont entraîné la rupture de l'équilibre, les fronts fortifiés ont été enfoncés, et l'équilibre ne s'est rétabli, avec fortification d'un nouveau front, que par suite de l'arrivée de réserves sur le champ de bataille. L'équilibre n'a été détruit partout qu'en 1918, d'abord au profit des Allemands, puis en notre faveur; la supériorité nous étant acquise à notre tour, par l'entrée en ligne effective de l'armée américaine et de nouvelles forces de l'armée anglaise. Alors, les lignes de tranchées ont cessé d'exister partout. Nous reviendrons sur cette question, à un point de vue différent, à la fin de notre étude. Mais en somme, prendre les tranchées pour la raison déterminante de l'équilibre, c'est prendre l'effet pour la cause.

La situation de 1914 ne ressemble en rien à celle de 1918, comme forces opposées et moyen d'action en présence. Ce qui était possible après deux ou trois mois de guerre ne l'était pas au début. Ce qui était possible après une année ou deux de guerre ne l'était pas en 1914. Ce qui était possible en 1918 ne l'était pas en 1916 et 1917.

Certes, il apparaît bien qu'au mois d'août nous avions le temps de garnir de troupes nos frontières depuis la mer du Nord jusqu'à la Suisse et de creuser des tranchées partout. Mais la ligne ainsi protégée n'étant plus le résultat de l'équilibre, l'armée allemande ne se trouvait pas en opposition devant elle. Alors, selon toute vraisemblance, *elle abandonnait son projet de passage par la Belgique* si elle ne le jugeait plus avantageux. Et tandis que sur 300 kilomètres de frontière franco-belge nos fortifications, nos tranchées, nos batteries et une bonne moitié de notre armée restaient inutiles, sans emploi, elle se précipitait sur nous en Lorraine avec la totalité de ses moyens, *ne risquant rien par ailleurs*. Nous avons fait remarquer que sa force eût été quadruple de la nôtre. Dans ces conditions, nos tranchées ne devaient pas plus tenir qu'elles n'ont tenu pendant les quatre années de guerre, en des circonstances moins difficiles que celles admises . ici, chaque fois qu'une concentration ennemie s'est effectuée dans un secteur.

Les départements du nord et leurs installations industrielles pouvaient être sauvegardés au premier moment et la Belgique pouvait être indemne. Mais à quel prix et pour combien de temps ? Nous le verrons plus loin.

L'Allemagne pouvait aussi, à volonté, négliger toute offensive réelle sur notre front jusqu'à Belfort et violer la neutralité suisse, comme nous l'indiquerons. De cette violation, beaucoup plus réalisable qu'on ne s'imagine, nous verrons aussi quelles eussent été les conséquences.

Dans les conditions où nous étions à la déclaration de guerre, et d'ailleurs d'une façon générale et à moins de circonstances exceptionnelles, on n'assure pas l'inviolabilité du territoire national par l'éparpillement de la défense le long de la frontière. La vraie manière d'empêcher l'ennemi de pénétrer, c'est d'aller chez lui ; c'est de porter la guerre à l'extérieur ; c'est de faire ce qu'ont fait les Allemands.

L'Allemagne a prétendu, avec une mauvaise foi cent fois démontrée et qui n'a jamais fait de doute pour personne, qu'elle n'avait en vue que sa propre défense. Nous n'avons pas à rappeler le tissu de mensonges et de fourberies inventés pour soutenir cette invraisemblance. Mais il faut reconnaître que sa manière d'agir a été *militairement, stratégiquement*, la meilleure pour protéger son territoire. Seuls, nos populations, nos villes, nos villages, nos champs et nos installations ont supporté le poids de la guerre. A ce point de vue l'Allemagne s'en tire sans dommages.

S'il avait été possible à notre armée de prendre les devants en envahissant le pays ennemi, notre commandement aurait manqué au plus sacré des devoirs en ne le faisant pas. Mais, pour les raisons multiples dont nous avons rappelé quelques-unes, la force de pénétration et l'initiative appartenaient à l'Allemagne. Elle avait le choix de l'heure comme celui du point d'attaque.

Il n'est pas besoin d'insister davantage pour faire ressortir qu'à tous égards notre infériorité était manifeste en 1914, et qu'il ne dépendait ni de nos chefs, ni de notre état-major qu'il en fût autrement. Cette vérité connue, incontestable, nous condamnait à la défensive quand bien même nous ne l'aurions pas voulue. Mais la défensive ne veut pas dire l'immobilité, l'attente passive sur tous les points le long de la frontière et la soumission totale à la volonté de l'ennemi. Ce que devait être et ce que fut en effet cette défensive se dégagera de l'ensemble de notre étude.

LE PLAN ALLEMAND

Nous avons dit que l'espace compris entre les deux termes neutres de la Belgique et de la Suisse était considéré déjà comme trop étroit pour le libre jeu des armées allemandes en 1870, et qu'il le devenait à plus forte raison, s'il s'agissait d'une offensive développée en proportion de la puissance militaire de l'empire en 1914. Il était indubitable que l'ennemi devait, soit chercher à s'associer l'une ou l'autre des puissances neutres voisines, soit violer sa neutralité. Nous en avions la presque certitude dès les premiers travaux en vue de notre défense, après l'adoption du service obligatoire et la réorganisation de notre armée sur le principe de l'armée allemande, c'est-à-dire en corps d'armée permanents, correspondant chacun à une région territoriale de mobilisation.

Nos premiers plans de concentration prévoyaient le cas de la violation d'une neutralité. En 1877, des études étaient poursuivies dans le Jura et même en Suisse, afin de reconnaître la possibilité d'une agression par cette voie. En 1879, le voyage annuel de l'état-major de l'armée avait comme programme l'examen de la frontière de Belgique, des voies d'accès, des fortifications et des lignes de défense, entre Reims et Mézières d'une part, Valenciennes et Cambrai de l'autre. Ce fut le commencement des travaux relatifs aux théâtres d'opérations à droite et à gauche de notre zone de concentration. Depuis, tout ce qui se rapporte à cet ordre d'idées n'a jamais cessé de préoccuper le haut commandement et de faire l'objet de missions confiées soit à des groupes, soit à des officiers isolés de l'état-major de l'armée, ainsi que des armes spéciales. Le couronnement des études dirigées vers le Jura, admettant l'hypothèse du passage de l'ennemi par la Suisse, fut le voyage de l'état-major de l'armée dirigé en 1892 par le général de Miribel, redevenu pour la troisième fois notre chef et notre maître.

Nous avions alors un service militaire d'informations qui nous permettait d'être renseignés sur les intentions, projets et préparatifs de l'ennemi. Depuis, ce service a été désorganisé pour des raisons politiques. Nous savions que le plan allemand comportait la violation de l'une des neutralités, mais non des deux à la fois, l'extension nécessaire des zones de marche ne demandant pas davantage, et l'intérêt stratégique même de l'ennemi lui prescrivant de ne pas élargir son front au delà des dimensions indispensables, pour conserver la force et la cohésion de ses masses et assurer en profondeur l'entretien et le renouvellement de ses efforts. Nous savions aussi qu'à l'état-major général allemand les avis étaient partagés ; les uns tenaient pour le passage par la Belgique, tandis que les autres préféraient le passage par la Suisse. Il existait des inconvénients des deux côtés, comme aussi des avantages différents en faveur de chacune des deux hypothèses. Nous savions, enfin, que le projet de violation de la neutralité belge l'emportait, comme réalisant le plus court chemin en vue de gagner Paris, dont la prise immédiate ne faisait pas de doute et devait dans le moindre délai terminer la guerre.

Le rôle départi en dernier lieu à l'Autriche dans la lutte contre nous et contre la Russie devenue notre alliée a-t-il été connu d'avance ? Nous ne pouvons l'affirmer. Plus tard, il est devenu très évident que l'Autriche devait être chargée à la première heure de l'offensive en Russie, l'Allemagne ne laissant provisoirement sur la frontière russe que les corps nécessaires à une défense passive. Une fois la France abattue, et ce devait être l'affaire de trois ou quatre mois en tout, l'Allemagne se retournerait alors contre la Russie, qui serait écrasée à son tour par toutes les forces réunies des empires centraux.

Le plan d'une campagne offensive de l'Autriche en Russie était d'une conception et d'une réalisation faciles. La mobilisation et la concentration des armées russes ne pouvait être, en effet, que d'une lenteur désespérante, pour de nombreuses raisons, dont la principale était le peu de densité des chemins de fer russes et leur peu de rendement,

non seulement comme lignes mais comme matériel ;
car, à un réseau très clairsemé correspond naturellement un matériel roulant peu abondant, puisque
le trafic du temps de paix ne peut pas exiger plus
de voitures que n'en utilise le réseau normalement.
Outre que les distances à parcourir sur les routes
pour atteindre les voies ferrées sont longues, le
mouvement sur ces voies ferrées est faible et enfin
les points terminus de débarquement vers la frontière sont rares.

Un rapide coup d'œil jeté sur une carte d'ensemble suffit pour se rendre compte des conditions
extrêmement défectueuses faites à la Russie par le
tracé de sa frontière, au point de vue d'une offensive autrichienne. La Pologne russe dessine un
énorme saillant, entre la Galicie et la Silésie au sud,
et la Prusse Orientale au nord. A compter d'une
ligne à peu près méridienne tirée de la région des
lacs de Mazurie et passant par Bielostok, Brest-
Litowsk, et le Bug en amont de cette dernière
place, ce saillant mesure en profondeur, de l'est à
l'ouest, 400 kilomètres. Sa largeur à la base, du nord
au sud, est à peu près égale. Contre une agression
venant d'Allemagne, les lignes de défense naturelles
ne manquent pas, échelonnées en profondeur. Ce sont
celles du Niémen, de la Narew, de la Wartha,
de la Pilica, de la Bzoura, de la Vistule en amont
de Varsovie, et enfin du Bug en dernier lieu. Mais,
s'il s'agit d'une offensive venant d'Autriche, passant les Carpathes et traversant la Galicie, toutes

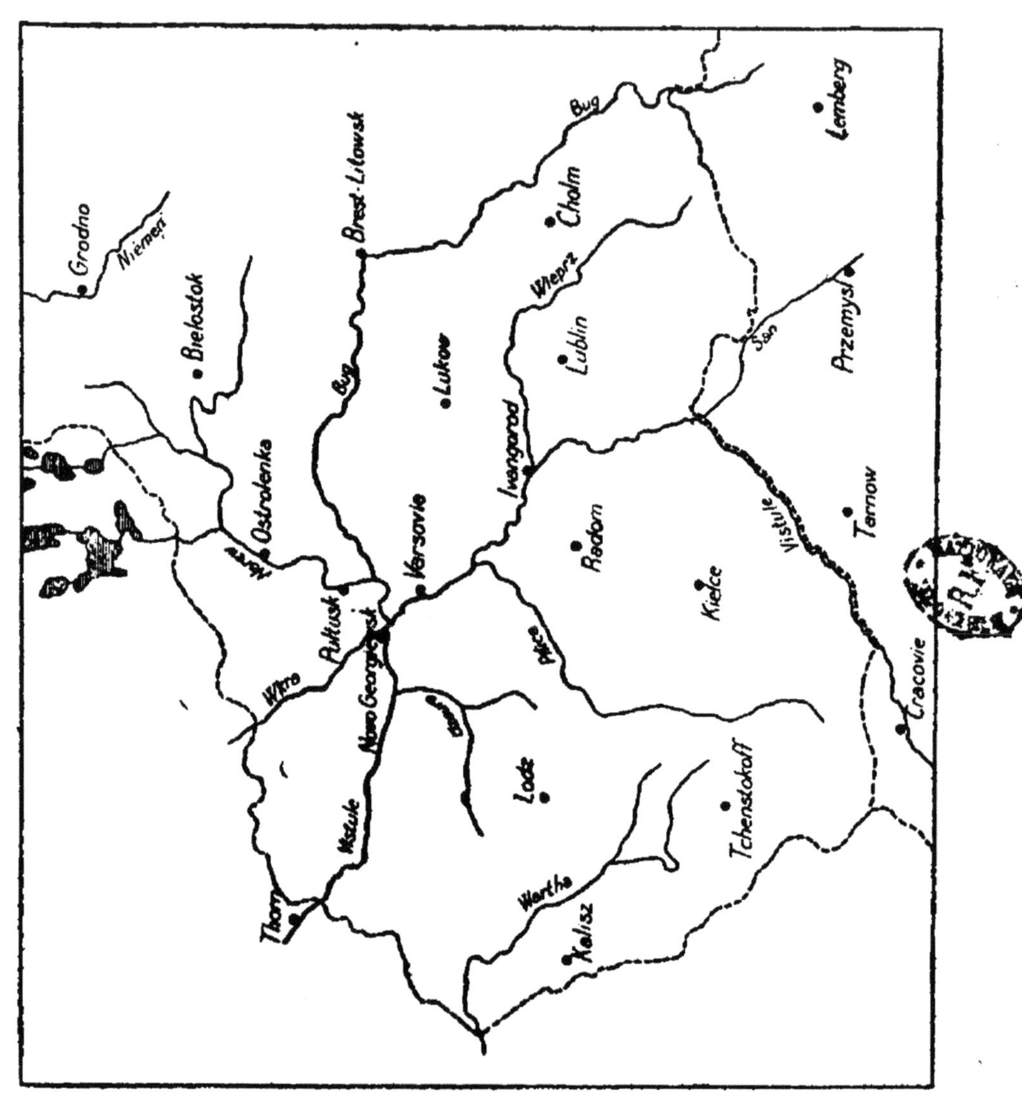

Frontière russe.

ces lignes sont chevauchées ; elles sont prises *en bout* et à revers. La frontière politique, presque partout conventionnelle, emprunte bien le cours de la Vistule sur 150 kilomètres environ, mais ce fleuve n'en est pas moins suivi sur les deux rives par les armées autrichiennes venant du sud et débouchant tant de la région de Cracovie que de celle de Lemberg. Ainsi, l'accès de la Pologne russe par le sud est absolument ouvert. La mission offensive réservée à l'armée autrichienne ne pouvait donc faire de doute. Elle libérait une partie considérable des masses allemandes. De fait, les Autrichiens perdirent du temps et n'avancèrent que sur Kielce, Radom, Cholm et Lublin, tandis que les Russes renonçaient à occuper une grande partie de la Pologne, indéfendable au premier moment, et se concentraient derrière la Vistule, vers Varsovie.

En ce qui nous concerne, le plan allemand consistait à nous attaquer en débouchant directement d'Alsace-Lorraine, surtout de Lorraine annexée, et à prolonger l'offensive vers le nord pour menacer notre aile gauche en pénétrant à travers le Luxembourg et la Belgique. Jamais nous ne l'avons méconnu. Du moment que le respect des traités, celui de sa propre signature, n'arrêtait pas l'Allemagne, ce projet était d'ailleurs logique et classique, car il revenait à combiner l'attaque de front avec l'attaque de flanc. Un mouvement semblable contre notre aile droite était prévu ; mais de ce côté, le terrain se présentait moins favorable à la manœuvre des grandes armées que dans les régions de la Belgique et du Nord. Le massif vosgien, bien que très *perméable*, ne se prête guère aux grandes évolutions des masses coude à coude. Et reporter l'aile marchante au delà de ce massif et de Belfort, c'est adopter l'autre solution, celle du passage par la Suisse.

En 1870, notre vieille armée de métier avait été vaincue par le nombre, ce dernier étant fourni par une institution nouvelle, celle de la *Nation armée*. Elle avait lutté six mois. En 1914, nous opposions la nation française armée à la nation allemande. L'infériorité numérique était encore de notre côté, puisque le chiffre de la population de l'Allemagne s'élève à 70 millions d'habitants contre moins de 40. Mais si la différence restait en faveur de l'Allemagne, cette différence, une fois les forces organisées mises sur pied de part et d'autre était cependant moindre qu'en 1870. Comment donc concevoir que sur ces données l'état-major général allemand ait eu la certitude de nous vaincre en très peu de temps, d'arriver d'emblée à Paris, et de nous réduire à merci en trois mois, c'est-à-dire dans un délai moitié de celui qui avait été nécessaire il y a 44 ans ? C'est qu'il faisait entrer en ligne de compte son initiative, son usinage de la guerre, et en particulier l'avance considérable prise par sa mobilisation et sa concentration. Toute sa combinaison reposait, d'ailleurs, sur *la vitesse* qui seule lui permettait de tirer tout le fruit de l'avance en question. S'il hésitait, s'il perdait du temps, le bénéfice de l'avance disparaissait.

Et puis, il faut aussi tenir compte d'un facteur moral :

Quelques années après la guerre de 1870, le général prussien Von Loe assistait aux manœuvres d'automne de nos corps d'armée de l'est. On avait attaché à sa personne un de nos jeunes officiers d'état-major, auquel il faisait volontiers part de ses impressions, en termes flatteurs pour notre armée. Après avoir suivi avec intérêt certaine affaire bien conduite, il en fit l'éloge de si enthousiaste façon, que le jeune officier, un peu gêné, crut devoir conclure par une politesse banale :

— Nous travaillons beaucoup, mon général, mais nous n'ignorons pas que dans l'armée allemande aussi les progrès sont incessants.

Le général hocha la tête et répondit textuellement ceci :

— Mon cher monsieur, l'armée allemande aujourd'hui mange un mauvais légume, que vous connaissez bien pour l'avoir mangé longtemps. Il s'appelle le laurier.

Sans remonter aux gloires du premier Empire, dont les héros avaient depuis longtemps disparu, notre armée de 1870 comptait parmi ses chefs encore beaucoup d'hommes ayant participé à nos victoires, en Algérie, en Crimée, en Italie, au

Mexique. Ces victoires étaient dues à la vieille armée de métier, celle de la loi de 1832, l'armée selon la Charte, peu modifiée depuis. De la moisson de lauriers abondante et superbe, tous se souvenaient ; tous restaient sous cette impression, parce que nul n'avait été à l'école de malheur. L'armée française, toujours magnifique, ne croyait pas à la possibilité de la défaite. Ses institutions et ses rouages vieillissaient sans qu'elle y prit garde, tandis qu'à côté d'elle grandissait une redoutable organisation basée sur des principes nouveaux.

Le système militaire de la Prusse, qui bientôt devait s'étendre à toute l'Allemagne, et lui donner des armées telles que le monde n'en avait jamais connues, a pour origine la clause du traité du 8 septembre 1808, par laquelle Napoléon imposait à Frédéric-Guillaume III la limitation de son armée à 42.000 hommes. Ce n'était plus une armée, pour un état qui avait joué dans les guerres passées un rôle de premier ordre, mais une simple force de police, capable de maintenir l'ordre à l'intérieur et non de prendre une part effective dans des opérations militaires même limitées. La Prusse devait donc renoncer à être une puissance, ou bien tourner la difficulté. Elle inaugura le principe qui est devenu depuis celui de toutes les armées modernes :

Les 42.000 soldats, sous-officiers et officiers de l'effectif de paix n'étaient plus une armée de métier permanente, mais bien le personnel d'une école, par laquelle passaient successivement, de classe en classe, tous les hommes valides en état de porter les armes. Et déjà en 1813, la Prusse réduite à son berceau, avec la Poméranie et le Brandebourg, mettait en ligne contre nous une armée d'environ 200.000 hommes, à Lutzen et à Bautzen. Dès lors, les classes appelées sous les drapeaux et préalablement instruites en temps de paix par le cadre, étaient divisées suivant leur ancienneté en plusieurs catégories : l'armée active, sa réserve, la landwehr, la landsturm ; cette dernière répartie elle-même en plusieurs bans.

Ainsi commençait à fonctionner en Prusse le régime du service obligatoire à court terme, celui de la *Nation armée*, opposé à celui des armées de métier, avec service à long terme, qui restait le nôtre. En 1860, l'armée prussienne comprenait, sans compter la garde, huit corps d'armée construits sur un modèle uniforme, ayant chacun leur région de recrutement, où toutes leurs unités étaient stationnées. En temps de paix, l'effectif, continuellement renouvelé, s'élevait à 130.000 hommes environ, lesquels donnaient sur le pied de guerre une armée mobilisée de 750.000 hommes.

Le premier essai pratique en fut fait en 1864 contre le Danemark. La seconde expérience fut dirigée en 1866 contre l'Autriche, sur une plus vaste échelle. Enfin, le système complet, dont le rendement devenait désormais certain, fonctionna pour la première fois en 1870, pour la revanche d'Iéna et la vengeance de Tilsitt. La Prusse s'était agrandie ; elle avait établi son hégémonie sur l'Allemagne à laquelle tout entière le régime militaire s'imposait. Il donnait alors une armée mobilisée de 1.200.000 hommes, en chiffre rond, sur laquelle plus de 700.000 hommes de troupes de campagne pouvaient être presque immédiatement lancés en avant, bientôt suivis s'il le fallait d'importants renforts, sans compter les troupes de garnison.

Contre cette ruée formidable pour l'époque, nous n'avions à mettre en ligne que les 260.000 hommes de notre armée de métier. Encore, une large part de cet effectif tout à fait insuffisant n'était-elle pas prête dès le début. Le premier choc se produisit entre les masses opposées dans la proportion de 1 à 3.

Rappelons en passant que si nous avions, en 1914 (nous l'avons exposé plus haut), réparti la moitié de notre armée sur la frontière du nord, nous aurions eu à lutter sur celle de l'est, dans la même proportion qu'en 1870, et même dans celle de 1 à 4.

A cette époque dont nous parlons, la France ne méconnaissait nullement la puissance militaire de l'Allemagne, mais... elle avait confiance dans la valeur individuelle de ses soldats et dans le talent de ses généraux *à se débrouiller*. Nous vivions dans l'illusion de l'ivresse du laurier.

La campagne de Crimée avait été dure. Celle de 1859, en Italie, nous donnait la victoire en un mois.

Lestement menée de succès en succès, elle avait été, sauf pour les sages dispositions du début, dont nous reparlerons, la négation de toute science militaire. Nous avions accumulé imprévoyances sur imprévoyances et fautes sur fautes. Mais tout est relatif. Les erreurs de nos ennemis avaient encore dépassé les nôtres, et comme nos soldats valaient dix fois ceux de l'Autriche, ils les avaient mis en déroute.

De toutes nos moissons de lauriers, ce fut la plus néfaste que nous ayons faite. C'est à elle que nous devons nos défaites de 1870 ; comme c'est en très grande partie à ces défaites et aux lauriers allemands correspondants que nous devons notre magnifique victoire de 1918.

Après 1859, les études sérieuses furent abandonnées par la très grande majorité, dans l'invincible armée française. Avoir la réputation de travailler était devenu pour un officier presque une mauvaise note. Ceux qui lisaient Napoléon, Gouvion Saint-Cyr, Jomini, s'attiraient les sarcasmes de leurs camarades. La critique la plus indulgente consistait à les regarder comme des *savants*, mais non comme des *militaires*. Il existait cependant des esprits plus clairvoyants, des hommes moins grisés par la victoire. Sous leur influence, le maréchal Niel, ministre de la guerre, élabora la loi de 1868, qui réduisait de 7 à 5 ans le service dans l'armée active, en créant une réserve de quatre classes, à appeler sous les drapeaux en temps de guerre, et, pour contrebalancer la landwehr allemande, une garde nationale mobile. C'étaient là des demi-mesures qu'il eût fallu compléter tout au moins par l'organisation de la mobilisation. On n'osait pas toucher ouvertement à la vieille et glorieuse institution militaire. Nous eûmes ainsi un million de combattants, prêts trop tard, mais qui, après l'écrasement de notre intrépide et trop petite armée de métier, à Sedan et à Metz, permirent à la défense nationale, non certes de réparer l'irréparable, mais de sauver l'honneur militaire. Voilà quelle fut pour nous l'influence du laurier. Voyons maintenant ce qu'elle a été pour l'armée allemande :

Après 1870, cette armée ne s'est pas endormie comme la nôtre après 1859, parceque la mentalité allemande diffère beaucoup de la mentalité française. Mais si le résultat produit par le succès n'a pas été le même, il existe toutefois, sous certains rapports, quelque analogie. L'Allemagne a pris une confiance absolue en sa force. Sa gloire militaire allant sans cesse grandissant, son ambition n'a plus connu de limites ; elle a rêvé de vaincre et d'asservir l'Europe entière, sans compter ses visées en Afrique et en Asie. Elle a passé outre au danger de soulever contre elle l'Angleterre par la violation de la Belgique ; elle a stupidement provoqué les États-Unis eux-mêmes, avec la foi la plus entière dans la puissance de ses armes. Cette foi absolue, inébranlable, est l'effet du laurier sur son esprit, comme il l'avait été sur le nôtre. Mais l'Allemand raisonne et discute. Il étudie posément. Il ne devait donc rien laisser au hasard et ne pas s'en rapporter à la faculté très aléatoire de *se débrouiller* que pouvaient posséder les uns ou les autres. Rien donc n'a été négligé pour atteindre le but efficacement, et dans le plus bref délai possible une fois la crise ouverte.

Cette crise, l'Allemagne a cherché maintes fois à la provoquer, plus souvent qu'on ne l'a dit et qu'on ne l'a généralement su. L'usinage de la guerre a été poursuivi pendant quarante ans, poussé et perfectionné à tous les points de vue et dans toutes les branches d'industrie ayant un côté utilisable, jusqu'à l'extrême limite, sans trêve, et avec une impatience marquée de le mettre en œuvre, parce qu'il coûtait cher.

En dehors des discours de l'empereur, de sa poudre sèche, de son épée aiguisée, de son gantelet de fer, etc... ; en dehors des *querelles d'Allemand* qui ont eu du retentissement, tout était prétexte à *casus belli*. Il est des motifs demeurés obscurs à certains faits politiques que plus tard l'Histoire révèlera. Restons dans le domaine militaire.

Nous avons longtemps retardé la guerre, en cédant toujours sous la menace. Certains pensaient qu'en reculant ainsi nous l'éviterions indéfiniment; nous avons même connu intimement, il n'y a pas longtemps, un Ministre de la guerre qui ne croyait pas du tout qu'elle pût éclater ; mais il suftisait que le prétexte saisi fût en dehors de notre bonne volonté, comme l'ultimatum à la Serbie. Alors, nous n'y pouvions rien, que maintenir nos troupes à quelque distance de la frontière, pour protester de nos intentions pacifiques.

Ceci, du reste, importait peu à l'Allemagne. Grisée par sa force, elle ne voyait ni la nôtre, ni la possibilité de celle de nos alliés. La France était condamnée à l'invasion, et ce serait vivement fait. D'abord, notre armée enveloppée, puis Paris pris en deux ou trois semaines, et la République implorant au bout de trois mois tout au plus la paix à n'importe quel prix. C'était *la guerre fraîche et joyeuse*. On irait à Paris par le chemin le plus court, et l'armée française, battue d'avance, comptait pour peu de chose.

Tandis que nous cherchions toujours à négocier et que nous évitions avec soin de fournir le moindre prétexte à rupture, des forces ennemies passaient résolument la frontière en Lorraine, si certaines du succès immédiat que sur des réservistes faits prisonniers nous trouvions des livrets leur prescrivant de rejoindre leur corps à Nancy.

Donc, l'Allemagne, qui n'ignorait rien de notre organisation militaire, et pouvait évaluer avec précision les effectifs que nous aurions à mettre en ligne, ne doutait en aucune façon d'une victoire très rapide, plus vite réalisée qu'en 1870, bien que la différence des systèmes militaires et des ressources qu'ils procuraient fût moindre. Elle avait mobilisé d'avance, nous l'avons dit, pour mettre tous les atouts possibles dans son jeu. Elle opposait ainsi dès le principe à notre armée active, rejointe par une portion seulement de nos unités de réserve, la totalité de son premier groupe de forces, la land-wehr comprise, et même avec l'addition d'unités de landsturm. Il est à croire que la défaite de la Marne et le recul qui s'en est suivi sur l'Aisne et en Champagne ont dû lui causer une véritable stupeur.

En septembre 1914, c'est notre armée seule, avec l'appoint de deux corps d'armée britanniques, qui a battu les masses allemandes. La petite armée anglaise d'alors a pris sa part importante et glorieuse de l'action et elle a beaucoup contribué au résultat, bien plus par suite des circonstances de la bataille, qui l'ont mise tout à fait en relief, qu'en proportion de son effectif, comparé au nôtre. A ne considérer que le rapport des effectifs, la victoire serait presque totalement française. Quant à la manœuvre, c'est-à-dire à la retraite, à la direction observée par cette retraite et à la reprise d'offensive, *elle est absolument dans l'esprit des plans de campagne que nous avions préparés de tout temps.* La suite de notre étude en donnera la démonstration la plus évidente.

Si nos défaites de 1870 ont été la conséquence de nos victoires de 1859, du moins ces défaites nous ont été salutaires. Tandis que les lauriers conquis par l'Allemagne en 1870 ont été la cause morale de

son outrecuidance et par suite de son effondrement.

C'est une leçon à ne pas oublier.

IV

LES FORTERESSES

Le public (et nous entendons naturellement le public éclairé) conçoit surtout le système des places fortes comme une muraille élevée sur les frontières pour interdire à l'ennemi l'accès du territoire national. C'est l'idée la plus simple qu'on puisse s'en faire, la plus naturelle, et au premier examen la plus sensée. Il en est ainsi, d'ailleurs, lorsque les frontières sont telles qu'il suffit d'y fermer des portes. C'est parfois, mais pas toujours, le cas des régions de hautes montagnes. Il peut arriver que les frontières n'y soient accessibles qu'en quelques endroits, séparés par de larges et hautes escarpes, pratiquement inviolables. Alors, il devient suffisant de maîtriser les passages au moyen de quelques forts bien placés pour obtenir une sécurité temporaire. La durée de la résistance de ces forts dépend de leur construction, de leur armement, de la façon dont ils sont occupés et défendus, et aussi des circonstances topographiques de leur site. Dans le cas où ces circonstances s'opposent à ce que l'assaillant puisse y amener une artillerie assez puissante, la défense doit se prolonger très longtemps, parce que les constructions résistent et parce que les ouvrages, n'étant pas investis, s'alimentent par l'arrière en hommes, en vivres, en munitions et en matériel. Il ne reste plus à l'attaque d'autre ressource pour en finir que l'assaut de vive force, lequel peut être très difficile et entraîner sans résultat de grosses pertes.

Les conditions sont bien différentes lorsqu'il s'agit de frontières en montagnes de faible altitude, telles que les Vosges ou le Jura, par exemple. Là, les points d'accès sont nombreux, les parties réellement infranchissables de leur nature se localisent beaucoup ; la possibilité de tourner les ouvrages de fortification devient assez fréquente ; celle de les combattre par une puissante artillerie est plus grande encore. Enfin, dans les régions moyennes et les pays de plaine, il est tout à fait impossible de considérer une ligne de forteresses comme une barrière, à moins que cette ligne ne forme, par le croisement à courte portée des feux des ouvrages, un obstacle continu ; car il est très exceptionnel qu'un fort ou un système de forts ne puisse être tourné en aucune façon. A supposer même la continuité, et nous verrons qu'elle n'est guère admissible, il suffirait que l'assaillant y pratiquât une brèche, toujours possible en mettant en œuvre de grands moyens sur n'importe quel point de son choix, pour que tout l'ensemble, percé et tourné, perde sa valeur. La muraille de la Chine n'a jamais eu la prétention d'être une protection efficace

que contre les incursions de la cavalerie tartare,
armée de sabres, de lances, d'arcs et de flèches.

Est-ce donc la condamnation de tout ce magnifique système des défenses du nord, imaginé et
réalisé par Vauban et qu'on a cherché à perfectionner depuis ? — Non pas. Pour bien comprendre l'œuvre de l'illustre maréchal, il faut se supposer dans le cadre qui était le sien. Il faut se
reporter à l'époque de Louis XIV et avoir sous les
yeux la topographie d'alors, très bien représentée
par la carte de Cassini, laquelle fut commencée
sous Louis XV et précisément par la région du nord,
dont les feuilles furent publiées vers 1750. Et puis,
on ne doit pas oublier que si Vauban a fortifié beaucoup de places, il a lui-même fait la meilleure critique de la fortification permanente en en prenant
beaucoup aussi, parmi lesquelles certaines étaient
réputées imprenables, et en déclassant encore plus
d'ouvrages qu'il n'en construisit.

La carte de Cassini est à l'échelle du 86.400ᵉ
(une ligne pour 100 toises), sensiblement la même
que celle de notre carte de l'état-major (80.000ᵉ).
La comparaison des deux est commode. Sans parler
des voies ferrées, bien entendu, le réseau routier
n'existe presque pas sur la première. Les routes en-
tretenues sont rares, et les chemins de terre, immédiatement défoncés s'il y passe des troupes, deviennent si vite impraticables qu'ils valent souvent
moins que le parcours à travers champs.

L'ingénieuse répartition des places fortes de

Vauban pour maîtriser les routes aux endroits les plus favorables à la défense et notamment à leurs carrefours et points de bifurcation, apparaît alors très claire. Il n'en est plus du tout de même si on se reporte à l'état actuel de la viabilité. Les routes et chemins carrossables sillonnent le pays partout ; les massifs forestiers eux-mêmes, autrefois dénués de communications, sont percés d'une multitude de routes et de chemins, de laies et de layons, en quantité telle que l'obstacle n'existe plus. Souvent même, ils se prêtent encore mieux au passage des troupes que le reste du terrain. Ils constituent toujours des abris, des masques à la vue ; leurs lisières peuvent toujours être organisées défensivement avec profit, mais comme barrières opposées à la marche, en dehors de la bataille, ils ne comptent plus.

Les places du système de Vauban sont noyées dans ce réseau très serré, qui se complète par celui, à mailles plus larges, mais très dense aussi, des chemins de fer. On ne leur aperçoit plus de raison d'être, pour le plus grand nombre, car presque toutes sont facilement isolées et tournées. Quelques-unes, cependant, se justifient parce qu'elles tiennent une voie ferrée sous leurs canons ; encore est-il possible, trop souvent, de les éviter en passant par d'autres lignes qui ne sont pas gardées, ou même, au besoin, en construisant un raccord de quelques kilomètres de chemin de fer de campagne. De toute façon, il apparaît que la prise de l'une de ces places, parmi celles qui maîtrisent un nœud de voies ferrées, fait tomber tout le système de protection.

Ce que nous en disons n'est point imaginé pour les besoins d'une cause ; il est facile à quiconque veut s'en donner la peine de faire comme nous, et sans plus de parti pris, l'examen comparatif sur les cartes qui représentent deux époques si différentes.

Ce n'est pas tout : Les places du système bastionné, de dimensions médiocres, avec leurs courtes faces qui ne peuvent mettre que trois ou quatre pièces dans une direction déterminée, étaient encore capables de lutter contre l'ancienne artillerie de siège ; elles devaient obliger les petites armées d'autrefois à distraire devant elles des détachements d'une certaine importance relativement à l'effectif total, et résister assez longtemps aux anciens projectiles, grâce à la solidité de leurs murailles. Sous ce rapport aussi, elles ont perdu toute valeur. Elles n'ont, en outre, aucun pouvoir actif. Une garnison de quelques centaines et même de quelques milliers d'hommes a cessé d'être une menace, ou même une préoccupation, pour les énormes armées qui tiennent la campagne. Il ne faut donc pas s'étonner que peu à peu on ait pris le parti de déclasser l'une après l'autre ces forteresses.

Pour n'en citer que quelques exemples : Avesnes fortifiée par Vauban, ou plutôt remaniée par lui en 1659, a été déclassée en 1867 ; tandis que dans le

voisinage de cette place, Landrecies,qui fut à toutes
les époques de l'histoire le théâtre de luttes et de
sièges, existait encore en 1870. Les Allemands lui
envoyèrent alors quelques obus, puis considérèrent
comme inutile de s'en occuper davantage. Elle fut
déclassée depuis parce qu'elle ne présentait plus
aucun intérêt, surtout par suite du développement
donné à Maubeuge. Quant à cette dernière place,
pourvue d'un camp retranché de forts du système
polygonal, moderne, armée et défendue, on sait de
quelle minime importance fut son rôle en 1914.
Nous y reviendrons plus loin.

Compter, de nos jours, sur les services que peut
rendre une place de Vauban, c'est autant dire
comme si, de son temps, le grand ingénieur militaire avait pris au sérieux quelque bâtisse du
moyen-âge : Pierrefonds, le château de Coucy, la
Bastille ou le donjon de Vincennes.

Les fortifications n'échappent point à la loi générale ; elles vieillissent comme tout vieillit. A
l'époque où nous sommes, leur caducité marche
avec une rapidité désespérante. La lutte est conti-
nuelle entre les moyens de l'attaque et ceux de la
défense, et cette dernière n'a jamais le dernier mot.
A peine un matériel d'artillerie est-il en service,
quelques années après son adoption, que les progrès de l'industrie métallurgique et ceux de la
chimie des explosifs, sans compter les diverses inventions nouvelles qui peuvent plus ou moins directement s'appliquer aux canons, à leurs affûts, à

leurs mécanismes, à leurs tracteurs, etc.... assurent
la possibilité d'un nouveau matériel préférable.
La puissance militaire qui a renouvelé son
artillerie en dernier lieu possède toujours sous ce
rapport une supériorité marquée sur ses adversaires. La fortification lutte avec peine contre les
progrès incessants du canon. Les améliorations
auxquelles on soumet les ouvrages existants ne
sont guère que des demi-mesures de fortune. Passé
un certain degré, elles deviennent impossibles. Il
faudrait périodiquement tout démolir et tout reconstruire à nouveau, et cela est très rarement prati-
cable pour bien des raisons, dont l'énormité de la
dépense n'est pas la moindre. Au total, c'est un peu
comme si on voulait entreprendre de mettre les
maisons de Paris à l'épreuve de la bombe.

On croit tenir la solution pour longtemps avec
le béton, le ciment armé et les coupoles, et à peine
les forts en sont-ils munis que l'artillerie dispose
de pièces et de projectiles capables de tout écraser
rapidement. C'est l'interminable lutte du projectile
contre la cuirasse, lutte dans laquelle la cuirasse a
toujours le dessous, qu'il s'agisse d'armures, de forteresses ou de vaisseaux.

En 1879, nous prenions part à un voyage d'étude
dirigé par le chef d'état-major général sur la frontière du nord. Le fort des Ayvelles était à cette
époque à peine terminé. Le capitaine du génie qui
venait de le construire nous y reçut.

— Quelle profondeur donnez-vous à votre fossé?

lui demanda, entre autres choses, le chef d'état-major.

— Mais, mon général, la profondeur réglementaire, 8 mètres.

—8 mètres!... êtes-vous certain que les échelles d'assaut des Allemands n'aient pas plus de 8 mètres ?

Le capitaine répondit avec présence d'esprit à cette boutade :

— Je crois qu'il sera toujours plus facile aux Allemands d'allonger leurs échelles qu'à moi d'approfondir mon fossé.

Toute l'impossibilité de tenir les fortifications à la hauteur de leur tâche est résumée par cette réplique. En réalité, il n'y a pas à se préoccuper beaucoup des échelles d'assaut ; mais ce qui importe, c'est de donner à la fortification la certitude de résister à l'écrasement sous les projectiles de plus en plus puissants et de plus en plus nombreux dans un délai déterminé. Si nous ne l'avions pas su d'avance, la dernière guerre nous eût démontré qu'on n'en avait pas encore trouvé le moyen.

Nous extrayons ce qui suit d'une lettre que nous écrivait dernièrement un de nos anciens camarades :

« Il faut le dire tout de suite, nos fortifications construites il y a quarante ans, et constituées dans leurs parties essentielles par des abris casematés faits avec des voûtes de 1 mètre d'épaisseur, recouvertes de 3 mètres de terre, ne résistent pas aux projectiles même de moyen calibre, chargés de matières explosives à grande puissance.

« Il me revient à la mémoire, à ce sujet, une conversation avec le général de Rivière, au courant d'une visite qu'il faisait à l'un des forts du camp retranché de Paris que je construisais, en 1876. Il admirait les belles voûtes des casemates, et avec son air malin, me regardant de ses petits yeux vifs qui scintillaient sous ses éternelles lunettes, il me dit tout d'un coup : « Je crois que nous avons taillé de la besogne aux artilleurs pour longtemps.» Quelle illusion !... Ce temps lointain qu'il envisageait a juste duré dix ans. C'est, en effet, en 1886 qu'apparut la mélinite, le premier explosif d'une puissance telle que des projectiles de 155, calibre aujourd'hui bien dépassé, chargés de mélinite, crevaient facilement ces abris. Des expériences très concluantes furent faites en 1886 au fort de la Malmaison, et ne laissèrent aucun doute sur la possibilité et même la facilité de détruire nos fortifications avec des projectiles chargés de mélinite. Tout notre réseau de fortifications, que l'on venait à peine d'achever, perdait ainsi la plus grande partie de sa valeur. De là, un gros désarroi chez nos ingénieurs militaires qui, sans se décourager, se remirent à l'œuvre, et arrivèrent à ce résultat que pour résister aux nouveaux explosifs il fallait aux abris casematés une couverture en béton de ciment de 3 mètres d'épaisseur.

« Pour rendre à ces fortifications toute leur va-

leur primitive, il fallait donc les reconstruire presque '.
en entier, et pour cela engager des dépenses nouvelles, qui se chiffraient par plusieurs centaines de
millions. Mais, dans cet ensemble de notre système
défensif, tous les ouvrages fortifiés n'étaient pas
d'égale nécessité. On fit un choix entre ceux qu'il
importait à tout prix de conserver, en leur donnant
toute la résistance possible, et ceux d'une importance moindre, que l'on pouvait maintenir dans leur
état d'imparfaite résistance. Dans la première catégorie furent classées nos quatre grandes places de
l'est : Verdun, Toul, Épinal et Belfort.

« Les progrès de l'artillerie ne s'arrêtèrent pas
à cette augmentation formidable de la puissance
destructive de ses projectiles, etc....

Et nous arrivons à cette conclusion :

« Bien avant la guerre actuelle, des instructions
avaient déjà été données de retirer toutes les pièces
qui étaient à découvert sur les remparts, pour en
constituer des batteries dans les fonds de terrain,
aux abords des forts. On ne laissait dans ces
derniers que les pièces sous abris bétonnés et blin-
dés. Nos forts n'étaient plus ainsi, pour la plupart,
que des ouvrages d'infanterie, des magasins de
matériel et des observatoires découvrant au loin
les abords de leur position. »

Remarquons en passant que sur les quatre
grandes places de l'est, trois : Belfort, Épinal et
Toul, n'ont pas eu l'occasion de tirer un coup de
canon. La quatrième, Verdun, s'est trouvée com-

prise dans notre ligne de bataille et elle en a partagé le sort. Parmi les forts du camp retranché, deux seulement ont fait partie de cette ligne, Douaumont et Vaux. Ils ont été plus ou moins démolis. Ils ont été pris par l'ennemi en même temps que les tranchées qui les accompagnaient, et sont rentrés en notre possession aussi, en même temps que ces tranchées. Nous reviendrons plus loin sur le rôle de ces places et sur celui de Verdun en particulier.

Quant aux petites forteresses anciennes de la frontière du nord, il serait sans intérêt d'en présenter ici un examen méthodique. Quelques exemples suffisent. Nous avons déjà parlé de Landrecies ; voyons Rocroy :

C'est un pentagone dont les côtés mesurent 300 à 400 mètres. La ville elle-même, à l'intérieur de ce polygone, est à peu près grande comme la place de la Concorde. C'est dire que l'investissement en est très facile, même par une force minime, et qu'on ne peut y loger une garnison d'un effectif suffisant pour avoir quelque action à l'extérieur. Rocroy est donc en quelque sorte un fort d'arrêt. Mais comme tel quelle peut être sa mission ? Rocroy garde l'embranchement de deux grandes routes : 1° celle qui vient de Namur, suit la vallée de la Meuse jusqu'à Fumay, puis quitte en ce point le fond de la vallée pour s'élever sur le plateau, atteindre la place en longeant le pied des défenses extérieures et traverser ensuite la route nationale n° 29, pour gagner Réthel et Reims ; 2° celle de Marienbourg, qui rejoint la précédente à un kilomètre au nord des remparts. Il existe aussi un petit chemin de fer à voie étroite qui se bifurque au nord de Rocroy, pour atteindre d'une part Couvin et de l'autre Chimay.

Certes, ce point de Rocroy ne manquait pas de valeur à l'époque où les deux routes en question étaient les seules sur la viabilité desquelles on pût compter dans la région. Vers l'ouest, depuis Rocroy jusqu'à Hirson, dans le sens de la frontière, entre elle et les affluents de l'Oise et de la Meuse qui lui sont parallèles, le pays est peu hospitalier. Ce sont de vastes landes, puis des forêts, celles de Signy-le-Petit et de Saint-Michel ; à l'est, ce sont aussi les forêts de la région meusienne. Il y a là une zone de 40 kilomètres que Rocroy pouvait garder. Mais il eût fallu que toute ouverture de chemin passant de France en Belgique y fût interdite, et on pense bien qu'à l'époque où nous vivons c'est là chose impossible. Les forêts dont nous parlons sont percées de communications multiples dans tous les sens ; les routes et chemins non gardés sont extrêmement nombreux. En somme, aujourd'hui on peut passer partout, et Rocroy ne garde le terrain que dans la limite de la portée de ses canons. On peut à volonté se tenir hors de cette portée, comme on peut aussi en un jour ou deux écraser Rocroy, si on tient à s'en débarrasser. Dès lors, on comprend le déclassement.

Ce que nous venons de dire à propos de cette petite place s'applique, à peu de différence près à toutes celles de la région du nord. Il n'est nullement douteux que non seulement en les conservant, mais même en doublant et triplant leur nombre, on n'arriverait pas à fermer la frontière. Alors, à quoi bon les entretenir ? A la guerre, ce qui n'est pas utile devient facilement nuisible. C'est une mauvaise mesure, contraire à l'intérêt général de la défense, que d'éparpiller dans des places inutiles des troupes, des canons et du matériel, *poussière d'armée*, dont la réunion en un bloc pourrait remplir ailleurs une mission intéressante.

On peut distinguer sur la frontière du nord certaines parties dont l'accès est plus facile comparé à celui de certaines autres. Ainsi, on reconnaît que toute la moitié orientale, correspondant au Luxembourg belge et au Grand-Duché de Luxembourg, et au delà, pays couvert, accidenté, à l'est de la Meuse et traversé par la Moselle, est beaucoup moins percée, moins desservie par les routes et chemins de toute sorte que l'autre moitié, depuis la Meuse jusqu'à la mer du Nord. On peut se rendre compte très vite de la différence de densité des voies de communication en les étudiant sur une carte à petite échelle, telle que la carte de France au 600.000ᵉ du service géographique de l'armée, qui donne les chemins de fer et les principales routes, mais est loin de mentionner toutes les voies carrossables, *parce qu'on ne trouverait pas la place de les y faire figurer tellement elles sont nombreuses.*

Ce n'est pas à dire, cependant, que la région orientale de cette frontière soit dépourvue de moyens de parcours tant en France qu'à l'étranger. Il s'en faut. Densité moindre ne signifie pas pénurie. D'ailleurs, la traversée de toute cette région orientale par les 2ᵉ, 3ᵉ et 4ᵉ armées allemandes en août 1914, le déploiement régulier de ces armées en face de nous, le service assuré de leurs lignes d'opérations en arrière, démontrent que la *perméabilité* de la région orientale est très grande encore, bien qu'inférieure à celle de l'autre région.

Au point de vue des voies de communication, la distinction que nous venons de signaler est la seule. On cherche vainement, sur le terrain comme sur la carte, à reconnaître les *trouées* classiques ; en particulier la fameuse *trouée de Chimay*. Elle était réelle du temps de Vauban. Elle subsistait encore avant les chemins de fer, dont l'ouverture, facilitant les relations et le trafic, a entraîné le développement du réseau routier. Le chemin de fer est toujours le grand agent de transformation d'un pays. Aujourd'hui, la trouée de Chimay n'existe plus qu'à l'état de souvenir. Rien ne la différencie de ce qui n'est pas elle.

Il est parfaitement vrai que jadis les grandes vallées qui traversent la frontière ou y prennent naissance étaient des voies naturelles d'invasion. Les routes étaient plus faciles à établir dans les fonds des vallées, non accidentés, que partout ailleurs. Une grande rivière était généralement longée par

une bonne route, souvent même par deux routes,
une sur chaque rive. Le cours d'eau lui-même, pour
peu qu'il fût flottable, représentait une troisième
route, suivie surtout par les approvisionnements de
l'armée. Mais, aujourd'hui, ce qui existe toujours
le long de ces vallées existe au même degré partout ailleurs. Les trouées et les voies d'invasion
ont disparu, ou, plus exactement, elles sont partout.

L'invasion allemande, après Charleroi, s'est pro-
duite sur un immense front, progressant à la fois,
sans marquer de préférence, par les anciennes voies
naturelles de pénétration comme par les espaces
qui les séparent. De même, au cours de la guerre,
les mouvements d'avance et de recul des deux
longues lignes de bataille opposées, y compris
ceux de la plus grande envergure, ceux des offensives finales de l'ennemi, puis des alliés, n'ont admis aucune distinction entre les vallées dans le
sens du mouvement et les intervalles compris entre
elles. La profusion des voies de toute nature et
dans toutes les directions ne laisse rien subsister
des anciennes idées sur les parcours et les débou-
chés assignés aux armées.

En revanche, les lignes naturelles, hauteurs,
bords des plateaux, versants des vallées, lisières de
forêts, etc... dirigés parallèlement aux lignes de
bataille, ont conservé toute leur valeur tactique et
n'ont jamais cessé d'être mises à profit, chaque fois
que l'occasion s'est offerte de tirer parti d'un élé-

ment plus ou moins développé de l'une d'elles. Nous l'avons démontré dans une étude précédente [1].

En somme, la difficulté de maîtriser les voies d'accès au moyen de forteresses ou de forts d'arrêt devient extrême ; à moins d'arriver à la continuité. Devant une invasion comme celle que nous avons subie, une frontière fortifiée ne peut plus être comparée à une digue arrêtant une inondation, elle représente plutôt une ligne de bornes, plus ou moins espacées, et entre lesquelles l'eau passe, pour reformer derrière elles sa nappe sans interruption, et finalement les submerger.

Nous avons entendu énumérer comme étant des lignes de défense de la frontière du nord, l'Escaut, la Lys, la Scarpe et la Sambre. Mais toutes ces lignes d'eau sont, ou peuvent être, dans le sens même de l'invasion, et non dirigées en travers de façon à lui faire obstacle. Le fait que certaines d'entre elles peuvent localement concorder avec un détour quelconque du tracé politique ou lui être parallèle, comme par exemple la Lys sur un parcours d'une vingtaine de kilomètres, ne contredit pas notre assertion, car les éléments voisins du même tracé politique sont en opposition avec celui-là, et l'annulent au point de vue défensif. La Sambre, la Scarpe plus en arrière, présentent des parcours plus longs, parallèlement à une partie de frontière plus étendue, mais avec le même défaut. Tous les cours

---

1. *De la Marne à la mer du Nord.*

d'eau mentionnés se rendent de France en Belgique. Ils ne peuvent déterminer des lignes de bataille que pour une armée chevauchant le territoire français et le territoire belge, et faisant face soit au nord-ouest, soit au sud-est, c'est-à-dire à peu près perpendiculairement à la direction générale de la frontière et non parallèlement. Aucun d'eux ne se prête à une défense *de front* qui aurait pour but d'interdire à l'ennemi l'entrée en France.

Les défenses locales de la frontière du nord peuvent être renforcées comme le fait remarquer un travail du général Herment, par certaines inondations, entre autres dans la région comprise entre Valenciennes et la forêt de Mormal, puis entre Valenciennes et la Scarpe, le long de l'Escaut. Ce jeu d'inondations peut fermer une longueur de 30 kilomètres en ligne droite, à la condition d'avoir la possibilité de tendre les inondations avant l'arrivée de l'ennemi, ce qui dépend du débit des rivières et par conséquent des pluies. L'inondation de la plaine de l'Yser, qui a rendu de si grands services, commença le 23 octobre et ne parvint à Ypres que le 2 décembre. Il avait fallu plus de 40 jours pour qu'elle remontât une quarantaine de kilomètres, soit environ un kilomètre par jour. Heureusement, la ligne de l'Yser, fortement tenue, ne la réclamait pas d'urgence.

On voit que la frontière du nord, dépourvue de réelles défenses naturelles, ou du moins n'en possédant que de très partielles, ne pouvait être organisée qu'au moyen d'une profusion de places et de forts, comme d'ailleurs Vauban l'avait fait de son temps, quand les nécessités étaient incomparablement moindres. Or, si on se reporte à ce que nous avons démontré précédemment, à supposer qu'on ait étendu le programme jusqu'à ses dernières conséquences, et ainsi éparpillé une quantité considérable de bataillons et de batteries, on ne pouvait arriver, par la défense directe, qu'à la création d'un *cordon*, exposé à être percé par l'ennemi sur tel point qu'il lui conviendrait de choisir.

Dira-t-on que l'on eût ainsi peut-être sauvé le nord de la France ? Que ce dispositif était au moins à tenter, comme pouvant résister ? Les faits sont là pour répondre :

En réalité, la Belgique prenant les armes et devenant notre alliée, la vraie frontière face à l'ennemi n'était plus la frontière franco-belge, mais bien la frontière germano-belge. Or, celle-ci se présentait tout autrement que la nôtre, sous le rapport des conditions de la défense.

La ligne occupée était celle de la Meuse, excellent fossé continu, tandis que, comme nous l'avons vu, la frontière franco-belge ne possédait que par endroits des tronçons de lignes naturelles d'inégale valeur et mal dirigées. On y voyait deux grands camps retranchés, Liége et Namur, et au milieu de leur intervalle un fort d'arrêt à Huy. Cet intervalle ne dépassait par 50 kilomètres, tandis que nos places de l'est, Verdun, Toul, Épinal, Belfort, sont à 70

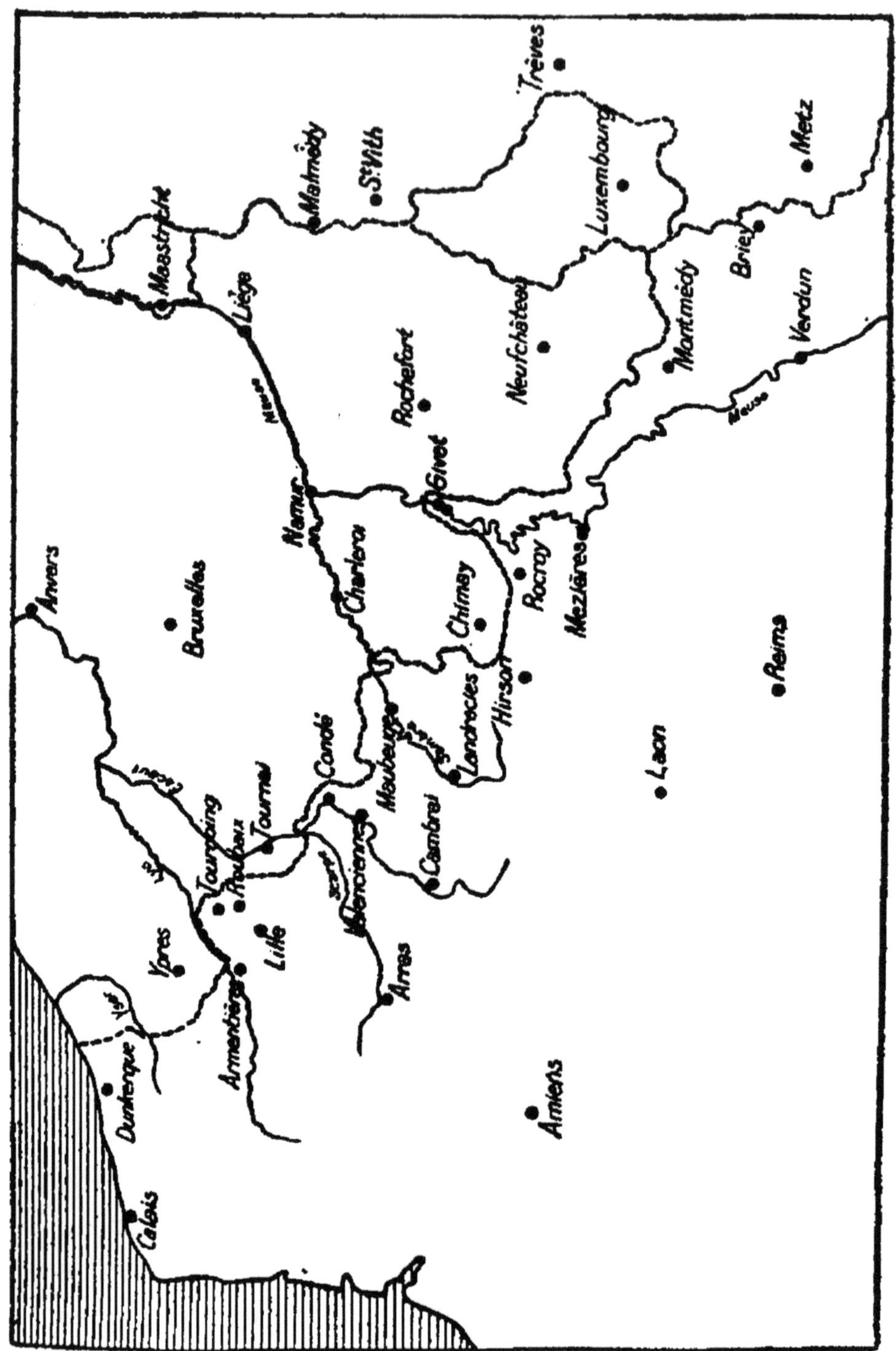

Frontière belge (Nord de la France).

L' « Erreur » de 1914.

6

kilomètres l'une de l'autre. La longueur totale de Visé à Givet ne mesure pas plus de 100 kilomètres. La frontière franco-belge en compte 300 en ligne droite. La densité des fortifications était plus grande que sur les portions les mieux protégées de notre région de l'est, celles qui passaient, dit-on, pour infranchissables. Les forts étaient non pas de vieux ouvrages bastionnés à faibles épaisseurs de murailles, mais des constructions du meilleur et du plus solide modèle, parmi les plus récentes. Liége en avait une douzaine, bétonnés, cuirassés, avec coupoles et casemates blindées. Toutes les pièces étaient sous abris ; les observatoires cuirassés. Que pouvait-on demander de mieux ?

L'attaque commença le 4 août, et tandis que les batteries de siège allemandes entreprenaient la destruction des ouvrages, les armées traversaient la Meuse et opéraient au delà, sans plus se soucier des fortifications que si elles n'existaient pas. Liége tint une douzaine de jours, sans avoir en aucune manière empêché l'invasion. Les derniers forts tombèrent le 17 août, alors que l'ennemi était au cœur de la Belgique. La résistance de Liége fut héroïque. Les défenseurs se firent ensevelir sous les ruines des forts. Dévouement superbe, mais sacrifice sans utilité pratique.

Voilà comment, de nos jours, les fortifications sont des barrières interdisant à l'ennemi l'accès du territoire national.

Sur notre frontière du nord, la place de Mau-

beuge fut conservée avec son camp retranché,
pourvu d'une très forte garnison. Maubeuge, sur la
ligne directe de Paris à Bruxelles, tenait l'un des
nombreux nœuds de chemins de fer de la région.
Cette place se trouvait en arrière de nos armées
pendant la bataille de Charleroi. Après cette bataille, l'armée anglaise se retira, en passant à l'ouest,
notre 5e armée retraitant à l'est. Maubeuge resta
isolée après notre recul. Les Allemands nous sui-
virent. Elle n'arrêta rien.

Elle fut masquée et bombarbée, l'ennemi tenant
à s'en débarrasser parce qu'elle gênerait plus tard
ses mouvements d'hommes et de matériel, sur
l'une des nombreuses lignes ferrées qu'il exploi-
tait. Mais Maubeuge ne l'empêcha pas d'avancer,
et la preuve en est que quand la place tomba, le
7 septembre, la bataille de la Marne se livrait à
90 kilomètres plus au sud. Maubeuge eût pu tenir
indéfiniment sans que sa résistance ait une influence marquée sur les opérations allemandes en
France.

On ne saurait s'imaginer, ni par conséquent
discuter, les observations très diverses qui peuvent
venir à l'esprit de chacun. En voici une entre
autres :

« La courte résistance de Maubeuge a rendu un
service de la plus haute valeur ; elle a immobilisé
deux corps d'armée allemands qui n'ont pu prendre
part à la bataille de la Marne. Sans l'absence de
ces deux corps, nous perdions la bataille. »

Deux corps d'armée sont une importante force ; mais tout est relatif. Sur une quarantaine de corps, deux de plus ou de moins ne constituent pas une différence telle que le sort d'une grande bataille en dépende avec certitude ; à moins que ces deux corps n'interviennent précisément sur un point essentiel et à l'heure propice. En second lieu, la victoire de la Marne n'est pas entièrement une affaire d'effectifs ; elle a été due surtout à la situation stratégique, c'est-à-dire à la manœuvre du maréchal Joffre, attaquant l'armée allemande de front et sur ses deux flancs, en avant de Paris et de Verdun. Enfin, la défense de Maubeuge occupait 30.000 hommes selon les uns, 47.000 selon les autres. On n'est pas d'accord non plus sur l'effectif du corps de siège allemand ; on le fait varier de 40.000 hommes au double. Nous pouvons estimer que si Maubeuge n'avait pas existé, l'armée française bénéficiant de sa garnison, la différence en faveur de l'armée allemande eût été d'une trentaine de mille hommes ; ce qui représente sur l'ensemble de la ligne de bataille un accroissement de 2 à 3 %, environ.

L'investissement d'une place et le siège régulier exigent un effectif beaucoup plus grand, sans comparaison, que celui de la défense. Il n'en est pas de même lorsqu'il s'agit de *masquer* la place, cas le plus général sur tous les fronts pendant cette guerre. Les places fortes sont tombées presque uniquement par l'action de l'artillerie de siège, par la destruction des forts et le bombardement, sans être investies ni assiégiées à proprement parler. Elles n'ont pas immobilisé, *comparativement*, de grandes forces ennemies. Il suffisait aux Allemands d'y consacrer tout juste le nécessaire à la protection de leurs positions de batteries contre une offensive venant de la place, soit une force à peu près égale à celle de la défense. Paris, qu'il eût été presque impossible d'investir, pouvait être masqué et bombardé par une armée d'environ 200.000 hommes [1].

Et Anvers !... L'armée belge s'y réfugie. La place est des plus modernes, très solidement fortifiée, entourée d'un double système de forts détachés. L'ennemi la masque dès le 5 septembre. Il attend ses pièces de siège, qui commencent le 26 la démolition des forts. Rien ne résiste ; ni les cuirasses, ni les bétonnages. Une brèche est ouverte dans la première ligne extérieure et cela suffit, car par cette brèche commence la destruction de la seconde ligne. L'armée belge évacue la ville le 9 octobre pour nous rejoindre sur l'Yser. Il était temps. La formidable forteresse avait tenu devant le canon 14 jours, pas davantage. Pas plus que Maubeuge, pas plus que Liége et Namur, elle n'avait empêché un instant l'armée ennemie de continuer ses opérations offensives en pleine campagne.

---

1. Voir l'étude précédente : *de la Marne à la mer du Nord.*

Nous n'examinerons pas ici la question d'Anvers au point de vue de sa très douteuse valeur comme réduit de la défense belge ou comme position de flanc contre l'envahisseur. Cette question est en dehors de la démonstration que nous poursuivons.

Les places fortes qui ont été dépassées par l'invasion allemande n'ont pu tenir ni les unes ni les autres, n'ont rien arrêté, et n'ont rendu momentanément que de très médiocres services. Ce n'est point parce que nous et nos alliés n'avons pas su en tirer parti ; car l'ennemi qui a possédé ensuite durant des années nos ouvrages défensifs et aurait eu tout le temps de les organiser à son profit, n'en a obtenu, lui non plus, aucun avantage, lorsque sa retraite les a laissés en saillie sur le front de ses arrière-gardes. Ce sont là des faits constants, qui n'ont souffert aucune exception et se sont manifestés encore plus nombreux et plus généralisés sur les théâtres orientaux de la guerre : en Russie, en Galicie, en Roumanie, partout.

***

Sur la frontière du nord de la France, le déclassement de Lille est un des faits contre lesquels on a le plus protesté. L'histoire de l'ajournement de cette mesure pendant une longue période, et jusqu'à l'heure même de la guerre, montre que c'était là une question très controversée. On peut dire que s'il existait des raisons de conserver Maubeuge, ces raisons pouvaient s'appliquer à Lille, et que l'ensemble des deux camps retranchés, à environ 75 kilomètres l'un de l'autre, d'axe en axe, devait présenter un réel intérêt. Pour notre compte, nous n'avons jamais cru à l'efficacité d'une défense active appuyée sur Lille, et encore moins à celle d'une défense passive de la place. L'expérience de Liége-Namur n'est pas faite pour changer notre opinion. Lille est, d'année en année, de plus en plus noyée dans le développement de ses faubourgs ét des cités industrielles voisines. Enfin, l'intérêt de Lille au point de vue local n'est pas le seul à retenir. Il s'agit surtout de préciser le rôle qui peut ou qui doit être assigné à cette place dans le plan de défense.

La manière de voir de nos camarades les généraux Percin et Herment, favorable à Lille, ne modifie pas la nôtre. Tous deux avaient mission de s'occuper de Lille et de chercher à tout obtenir en faveur de la place qui leur était confiée. Il ne leur appartenait pas d'apprécier la valeur relative de Lille dans l'ensemble de la frontière du nord, et encore moins celle de la frontière du nord dans l'ensemble de la défense de la France. Limiter ces officiers généraux dans leurs aspirations était l'affaire du haut commandement ; eux, ils avaient le devoir absolu d'être les avocats de la place de Lille. C'est un principe facile à justifier, si on veut y réfléchir, que tout officier à qui un service est confié doit s'employer à l'étendre et à le perfectionner, sans chercher à savoir quelle est son importance relative. Le contraire mènerait, en effet, aux plus singulières conséquences.

Nous ne l'ignorons pas : Il est fort difficile de faire admettre, par les esprits non exercés à raisonner des opérations de la guerre, que la défense générale d'un pays et d'une nation ne consiste pas dans la défense particulière de chacune des localités de ce pays, ni de chacun des individus de cette nation. Et c'est pourtant cela qu'il est essentiel de comprendre.

Savoir si, en elle-même, la place de Lille est défendable et quelles dispositions il convient de prendre pour assurer son maintien, est une question. Savoir quelle est la valeur relative de Lille dans la protection du nord de la France contre l'ennemi, en est une autre. Enfin, savoir quel rôle doit jouer la défense de la frontière du nord dans le total de la défense de la patrie en est une troisième, qui prime de beaucoup les deux précédentes. C'est par la résolution de cette troisième qu'il appartient au haut commandement de débuter, avant de passer à la seconde. La première ne doit être envisagée qu'en dernier lieu.

Au commencement des hostilités dans le nord de la France, Lille, à peu près vide de troupes et de matériel de guerre, n'a pas été abordée par l'ennemi. On a dit que le 21 août le général Herment avait réussi à porter la garnison à 28.000 hommes. C'était beaucoup, comme effort ; mais c'était peu pour garnir une vingtaine d'ouvrages détachés et les relier entre eux. Le 23, les Allemands s'étaient avancés par le nord de la place jusqu'à Roubaix et Tourcoing ; le 24, deux bataillons envoyés à Tournai en étaient chassés par l'ennemi. Ce fut tout. Lille, considérée comme une ville ouverte, fut laissée de côté par les Allemands. Ils ne l'occupèrent qu'au début d'octobre.

Un membre du Parlement a rappelé la lutte de Driant, alors député, contre M. Vandame, qui demandait la suppression des fortifications de Lille, le 16 mars 1914 : « Le général Lebas, dit-il, chargé de la défense de Lille, se fait fort de défendre le camp retranché en dépit des difficultés locales. » Remarquons d'abord que la reconnaissance de ces difficultés explique les divergences d'opinion sur l'opportunité de la conservation de la place forte. Driant ajoute : « Je suis persuadé avec lui qu'un chef décidé à tenir énergiquement conserverait Lille à la France au moins pendant une vingtaine de jours. Vingt jours, c'est peu, interrompt M. Vandame. — C'est déjà beaucoup, réplique Driant ; en vingt jours notre sort peut se décider ! »

De fait, notre sort a été décidé, non en vingt jours, mais en 52 mois.

Comment peut-on prévoir la durée de la résistance, quand on ignore quelle sera la puissance de l'attaque ?

Certes, si la défense de Lille devait arrêter le flot de l'invasion, le retarder seulement de vingt jours, ce serait un résultat considérable. Mais, il est bien évident que là n'est point la question. Lille tiendra peut-être quelque temps ; mais Lille sera masquée et l'ennemi passera outre. Le sort des autres places de même espèce, de même date que Lille, sinon plus récentes, telles qu'Anvers, Liége, Maubeuge, ne permet pas d'espérer autre chose.

Au moment de la violation de la neutralité belge, tout ce qu'on pouvait admettre de plus favorable, c'est que Lille se trouvant assez en dehors de l'aile marchante allemande, l'ennemi se serait borné à la surveiller. Alors, la chance de conserver Lille plus longtemps augmentait avec la réduction de sa garnison et de son armement ; car, plus ces derniers seraient faibles, moins ils constitueraient une menace. L'ennemie pourrait s'en désintéresser. En octobre 1914, Lille fut de nouveau comprise dans la zone des opérations, lors de la *Course à la mer*. L'ennemi s'y présenta le 8 et y rencontra une résistance. La ville fut immédiatement bombardée et elle ouvrit ses portes le 13, après la démolition d'un millier de maisons. Sa défense n'avait pas été inutile à ce moment, car elle avait permis aux Anglais de réaliser plus loin d'importants progrès dans l'installation de leur ligne de bataille. Si la place avait pu tenir encore un peu plus, peut-être cette ligne de bataille l'eût englobée. Alors, Lille nous restait. Son sort devenait celui de toutes les places et villes ouvertes qui furent comprises dans le front ; le sort d'Ypres, d'Arras, de Soissons, de Reims, de Verdun. C'était la destruction certaine de Lille et par surcroît de Roubaix, de Tourcoing et des innombrables installations qui existent entre ces villes. Le front anglais gagnait une quinzaine de kilomètres vers l'est et se raccordait par la Deule avec le sud de Messines, et avec Arras par un tracé moins facile à déterminer. Cet avantage militaire local compensait-il la ruine absolue de toute la région ?

Si Lille avait été défendue dès le principe, le sort de toutes les autres places au cours de la guerre ne donne pas comme probable qu'elle eût pu résister vingt jours, ainsi que le pensait en 1913 le général Lebas. Mais cette résistance même eût été tout à fait insuffisante. Il eût fallu tenir depuis la dernière semaine du mois d'août, date à partir de laquelle les Allemands n'auraient pas pu la négliger, jusqu'au 15 octobre, date à laquelle le progrès de la Course à la mer aurait permis aux Anglais de la comprendre dans leur ligne de bataille. Ce n'était plus vingt jours, c'était plus du double qu'il fallait lui demander. En réalité, défendre Lille n'avait pas d'autre intérêt que celui de *l'inscription d'une protestation au procès-verbal des événements de la guerre.*

Toute cette contrée industrielle du nord dont Lille est le centre est restée jusqu'à la fin de la guerre au pouvoir de l'ennemi. En 1918, les Anglais, au lieu de l'attaquer de front, ce qui lui eût été fatal, l'ont débordée par le nord le long de la Lys et par le sud le long de la Scarpe. Elle nous est revenue aussi intacte que le comportait l'occupation allemande, avec un cambriolage systématique. Au point de vue de la conservation en bon état de Lille, de Roubaix, de Tourcoing, etc... c'était la meilleure solution.

Pour nous résumer, toutes les fois que les places, quels que soient leurs garnisons et leur armement, avec ou sans camps retranchés, sur le théâtre oriental de la guerre comme sur le nôtre, sont restées livrées à leurs propres ressources, en dehors des opérations des armées, elles n'ont pas tenu. Elles ont été masquées, l'ennemi les a laissées en arrière, et après les avoir dépassées, il les a écrasées en peu de jours sous les projectiles. Elles n'ont rendu que des services médiocres et très momentanés, si même elles n'ont pas été totalement inutiles.

Quant aux forts d'arrêt et autres ouvrages isolés, leur action a été nulle de tout point.

Le fort de Manonvillers, à l'est de Lunéville, l'un des plus importants, puisqu'il commandait la grande ligne du chemin de fer de Nancy à Strasbourg, attaqué et bombarbé par les Allemands, tint deux jours à peine. Et cependant, il avait été presque entièrement reconstruit, avec abris bétonnés. Quant à la résistance de Givet, Longwy, Montmédy, des forts des Ayvelles, d'Hirson, etc... elle fut si faible que c'est à peine s'il en a été fait mention.

Est-il besoin d'insister davantage pour faire voir que de nos jours compter sur les fortifications pour assurer l'inviolabilité d'une frontière c'est commettre la plus lourde et la plus dangereuse des erreurs ? Nous ne soutenons pas ici une théorie à laquelle ou puisse en opposer une autre. Nous faisons des constatations dont chacun peut vérifier l'exactitude. Cependant, nous ne pensons pas qu'il faille conclure à la *faillite des places fortes*, comme l'ont parfois fait quelques écrivains militaires au cours de cette longue lutte. Proclamer la faillite des places fortes nous paraît presque aussi excessif que l'opinion contraire, celle de s'imaginer que le salut de la patrie peut être confié à la défense passive représentée soit par la fortification, soit de toute autre manière.

Quelle est donc alors la véritable mission des places ?

« Nous avons dit que les chemins de fer étaient comme moyens de défense, supérieurs à des places fortes abandonnées à leurs propres forces, c'est-à-dire qui ne seraient pas soutenues par une armée active.

« Des forteresses isolées ne pourraient, en effet, arrêter une invasion, par cela même qu'elles n'exercent aucune action au delà de la zone de terrain qui est soumise à leur feu. L'ennemi pourrait passer entre elles, en se bornant à laisser des détachements pour les masquer, jusqu'à ce que l'armée de seconde ligne pût venir en faire le siège ou le blocus. Les places fortes ne sauraient donc constituer *à elles seules* un système de défense.

« Il en serait tout autrement d'un réseau ferré assez puissant pour transporter l'armée sur la frontière avant l'arrivée de l'ennemi. Ce réseau pourrait, à *lui seul*, assurer la défense du pays, parce qu'il permettrait de prendre l'offensive et de porter la guerre sur le territoire de l'adversaire, ou si, pour une raison quelconque, on était obligé de garder la défensive, il donnerait la possibilité d'élever, en temps opportun, des ouvrages de fortification de campagne sur les parties faibles de la frontière, et de porter sur les points menacés des forces égales ou supérieures à celles de l'ennemi. Il est incontestable, toutefois, que la défense du pays serait beaucoup plus fortement constituée si l'armée trouvait, en arrivant sur la frontière, de puissantes forteresses placées sur les points les plus importants. Dans ces conditions, les places fortes seraient appelées à jouer un rôle considérable dans la défense des frontières ; mais il ne faut pas perdre de vue qu'elles ne pourraient remplir ce rôle que comme *points d'appui* des armées, c'est-à-dire à titre de *complément* des chemins de fer, et non à titre *principal*.

« Dans le cas où, par suite d'un échec, l'armée défensive serait obligée de se retirer dans l'intérieur du pays, les places fortes, bien qu'isolées alors au milieu des troupes ennemies, pourraient encore remplir une mission des plus importantes pour la défense du territoire, si elles étaient placées de manière à fermer *complètement* le réseau national des chemins de fer à l'ennemi et à l'empêcher de s'en servir pour ravitailler ses armées.

« Les places fortes ont donc un double rôle à jouer : servir de points d'appui à l'armée défensive pendant les opérations sur la frontière ; maîtriser toutes les voies ferrées qui pénètrent sur le territoire national et obliger l'ennemi à faire des sièges aussi longs et aussi difficiles que possible pour s'emparer des voies ferrées [1]. »

Ces lignes furent écrites en 1880, quand il existait encore un équilibre suffisant entre la résistance des ouvrages et la force destructive des projectiles. Dans les conditions actuelles, la seconde partie du rôle des places fortes, celle qui consiste à garder les nœuds des voies ferrées en arrière de l'ennemi, est presque supprimée, puisque les faits ont prouvé que les places même les plus récentes n'ont pas la solidité nécessaire pour remplir leur tâche au delà d'un nombre de jours très limité. En revanche, nous voyons ces mêmes places fonctionner avec succès comme points d'appui chaque fois qu'elles sont comprises dans les lignes de bataille. Les exemples en sont nombreux surtout sur le front oriental : Varsovie, Novo-Georgiewsk, Ivangorod, Brest-Litowsk, Przémysl, Grodno, Kovno, Dwinsk, etc... ont été utilisées comme points d'appui, tant que ces places se sont trouvées encadrant les fronts des armées. Toutes sont tombées en peu de temps dès qu'elles ont été isolées.

1. *Principes de stratégie*, par le général Berthaut, 1881.

La résistance des places sur les fronts retranchés est logique, car si ces fronts tiennent avec succès lorsqu'ils sont constitués par des tranchées, il serait singulier que sur les mêmes fronts des parties plus solides à tous égards comme construction ne tinssent pas.

Il n'est pas douteux qu'à Verdun, si notre front de part et d'autre de la Meuse avait dû reculer à quelque distance et laisser la place isolée en avant, elle n'aurait pu se maintenir longtemps.

Verdun occupait un saillant dont le point extrême était le fort de Douaumont. Un saillant étant toujours un point faible pour la défense, et par suite un point d'attaque tout désigné, Verdun a véritablement fonctionné comme point d'appui et a rendu les plus éminents services.

La longue discussion que nous venons de soumettre au jugement du lecteur n'a pas pour objet de démontrer qu'en tout état de cause la frontière franco-belge n'était point défendable ; mais seulement que sa défense ne pouvait pas être assurée par le seul concours des fortifications, de leur armement et des troupes spécialement affectées à leur service, ainsi que des moyens accessoires tels que des destructions d'ouvrages d'art et des inondations locales plus ou moins étendues.

Notre camarade le général Herment a publié une étude des conditions de la défense de cette frontière, qui n'est pas en désaccord avec ce que nous en disons [1].

Il y examine la région secteur par secteur, en indiquant le parti qu'on peut tirer de certaines directions locales des cours d'eau, mais en reconnaissant que la plupart de ces éléments de lignes sont très facilement tournés. Il admet, sans toutefois en fixer le chiffre, qu'une armée de manœuvre, indépendante des garnisons des places fortes, tient la campagne et que, par conséquent, ces places lui servent de points d'appui ou de pivots. Il assigne à cette armée, au début, une situation à peu près centrale, entre l'Escaut, de Condé à Cambrai, et la Sambre de Maubeuge à Landrecies. Il lui suppose un rôle actif, offensif au besoin. Pour que ce rôle puisse être assuré, il faut que les forteresses soient solides. Le général Herment admet la possibilité de leur résistance aux projectiles des canons lourds de campagne, pièces allemandes de 13 et 15 centimètres. On ne peut douter que si Liége, Anvers et Maubeuge n'avaient reçu que des projectiles de la puissance correspondant à ces calibres une résistance prolongée leur était assurée. L'auteur, bien qu'artilleur lui-même, ne prévoyait pas en 1913 l'intervention à bref délai de pièces de siège énormes, d'une puissance incomparable, celle des bouches à feu de 305 à 420, dont l'emploi, qui changeait singulièrement les données du pro-

---

1. Général Herment, *Considérations sur la défense de la frontière du Nord*.

blème, devenait pratique ; ces pièces se mouvant soit sur les voies ferrées, attelées par des locomotives, soit sur les routes, au moyen de tracteurs automobiles.

L'étude du général Herment est spéculative. Elle envisage la manière de défendre la frontière du nord au moyen d'une armée ; sans se préoccuper de savoir s'il convient, dans l'organisation complète de la défense, d'affecter une armée à cette région ; c'est-à-dire de séparer nos forces en deux masses, l'une dans le nord et l'autre dans l'est. Sous cette réserve, tous les développements qu'il donne à sa thèse, soutenue pour plaider la cause de Lille menacée de déclassement, sont conformes aux principes de la guerre, étant donné qu'il s'agit d'assurer la protection de la frontière franco-belge.

Le général Herment ne traite pas la question beaucoup plus vaste du salut de la patrie menacée par l'agression allemande. Or, c'est, au contraire, à ce seul point de vue que nous devons nous placer.

V

LA FRONTIÈRE DE L'EST

Nous avons démontré que la solution consistant à étaler l'armée active le long de la frontière, *en cordon*, ne peut mener qu'à la défaite, à ne considérer que cette armée seule.

Nous avons aussi démontré que la seconde solution, consistant à confier l'interdiction du territoire national à la fortification, n'est pas réalisable.

Il nous reste à examiner le troisième cas, celui de la combinaison de l'armée active en cordon avec les fortifications, points d'appui de ce cordon.

Ceci serait sans doute la vraie solution à envisager, pour les esprits disposés à penser qu'on doit et qu'on peut, en toutes circonstances, transformer en réalité cette image symbolique qui représente un fantassin croisant la baïonnette et criant à l'ennemi : On ne passe pas !

Selon ces esprits, il n'y a aucune distinction à établir entre la frontière du nord et celle de l'est, sous prétexte que derrière la Belgique se trouve l'Allemagne. Du moment que le rôle de l'armée est d'être partout à la fois, et d'attendre partout que l'ennemi se présente, il n'y a pas de raison, en effet, pour qu'on ne fasse pas exactement au nord, et encore ailleurs, la même chose qu'à l'est. Mais, en réalité, et dans la conception juste de la guerre, les frontières de l'est et du nord étaient en 1914 d'inégale valeur et d'inégal intérêt, au point de vue des opérations, seul à examiner.

De Dunkerque au Rhône, la frontière se divise en trois parties : 1° celle du nord, de Dunkerque à Longwy, mesure *en ligne droite* environ 300 kilomètres ; 2° celle du centre, de Longwy à Belfort, en tenant compte des deux directions raccordées au Donon, 250 kilomètres ; 3° celle du sud, de Belfort jusqu'au Rhône, environ 200 kilomètres.

Le tiers nord correspond à la Belgique ; le tiers sud à la Suisse ; le tiers central est celui qui nous met *directement* en contact avec l'Allemagne, avec l'ennemi.

Cela seul fait voir, de toute évidence, que les conditions de ce tiers central, en cas d'offensive brusquée, toujours à prévoir de la part de l'Allemagne, ne sont nullement celles des deux autres tiers.

Devant nous, sur cette partie d'intérêt primordial, l'Allemagne possédait deux grands camps retranchés qu'elle avait développés hors de toute mesure : Metz et Strasbourg. Le second n'avait qu'un but défensif. Les ouvrages du système Strasbourg-Molsheim étaient faits surtout pour barrer la plaine alsacienne sur une largeur d'une vingtaine de kilomètres. L'Alsace, au sud de Strasbourg, est un couloir entre les Vosges et le Rhin, dont Strasbourg-Molsheim fait un cul-de-sac. Y pénétrer profondément ne pouvait nous conduire à rien qu'à assiéger Strasbourg, et du moment qu'il est impossible aujourd'hui d'assiéger une place sans démolir plus ou moins totalement la ville, le siège de Strasbourg, ville française, était à éviter, comme aussi celui de Metz.

La place allemande de Metz, au contraire de celle de Strasbourg, était nettement offensive. La ville n'est qu'à une dizaine de kilomètres de la frontière, telle que le traité de Francfort l'a imposée. Les forts permanents en approchent jusqu'à 4 ou 5 kilomètres ; les batteries annexes à construire en cas de guerre pouvaient être portées non seulement jusqu'à la frontière même, mais au delà, en territoire français.

Metz n'était pas seulement une ville de garnison. C'était le lieu de rassemblement de forces considérables, tenues en permanence sur le pied de guerre et disposées de façon à être lancées sur nous d'un moment à l'autre, au premier signal. Trois grandes lignes ferrées principales de transport aboutissaient à Metz : la première passant par Coblentz, Trêves et Thionville ; la seconde par Mayence et Sarrelouis ; la troisième par Kaiserslautern et Sarreguemines.

Le périmètre normal d'action d'une pareille place, destinée à prendre une part active aux opérations offensives du début, dépend beaucoup plus de la force de pénétration des masses qu'elle abrite que de la portée de l'artillerie de ses ouvrages, eu égard à ce que l'adversaire est en mesure de lui opposer à la première heure. Il est donc facile de comprendre que toute la Woëvre, avec le bassin de Briey, dont on a tant parlé, et jusqu'au voisinage de Toul et de Verdun, était englobée dans ce périmètre normal. Pour les Allemands, cela n'a jamais fait de doute, ni pour nous non plus.

Entre autres preuves de ceci, nous avons eu entre les mains une pièce signée d'un gouverneur de Metz, à l'occasion de l'une des nombreuses querelles soulevées par l'Allemagne. Ce document prescrivait à deux brigades d'infanterie de marcher dès que l'ordre en serait donné l'une contre Toul, l'autre contre Verdun ; leurs avant-gardes pénétrant sur le territoire français *en chemin de fer*, de façon à gagner le plus de temps et de terrain possible par surprise. L'espace compris entre les deux voies ferrées, c'est-à-dire la Woëvre, devait être couvert par la cavalerie, reliant entre elles les deux brigades. En arrière venaient des troupes chargées d'opérer sous cette protection la réquisition des chevaux et du matériel, et d'emmener tous les hommes en âge de porter les armes. Nous citons ce projet de coup de main comme exemple. Il ne fut pas le seul.

Lorsqu'il fallut organiser militairement la frontière d'Alsace-Lorraine, Verdun et Toul étaient d'anciennes places bien situées et toutes désignées pour devenir des camps retranchés équilibrant Metz autant que possible. Belfort était également indiquée, bouchant une trouée réelle, trouée géographique et topographique entre l'escarpe nord du Jura, le Lomont, de direction est-ouest, en ligne droite, et celle des Vosges sur l'Alsace, de direction nord-sud [1].

Entre Belfort et Toul, la distance est de 140 kilomètres. Entre Toul et Verdun, elle est à peu près moitié. Il fallait un autre point d'appui à mi-distance environ de Toul à Belfort, non pas pour fermer un passage, mais pour avoir un pivot de manœuvre dont on va comprendre l'utilité. Ce fut Epinal, précisément située à 70 kilomètres de chacune des deux autres places.

On a prêté au général de Rivière la pensée de canaliser les attaques allemandes en disposant à l'avance des couloirs par lesquels l'ennemi devrait s'engager. C'eût été une malice cousue de fil blanc et un peu puérile. Les Allemands ont donné, par plaisanterie, le nom de *la souricière* à l'espace compris entre Epinal et Toul, espace dénommé sou-

---

1. Nous avons vu, dans divers ouvrages, soit donner comme une nouveauté, soit attribuer à Vidal de la Blache la théorie de la formation de la plaine du Rhin par l'effondrement d'un massif central dont les Vosges et la Forêt Noire sont les restes. De cet effondrement résulte le profil très rapide, souvent escarpé, des Vosges du côté alsacien. Vidal de la Blache, qui n'était pas géologue, n'a fait que rappeler une hypothèse classique depuis près de 80 ans, et due à Elie de Beaumont, l'un des anciens maîtres de la géologie française. On la trouve exposée dans l'*Explication de la carte géologique de la France*, dont les gros volumes in-4° furent publiés de 1841 à 1848.

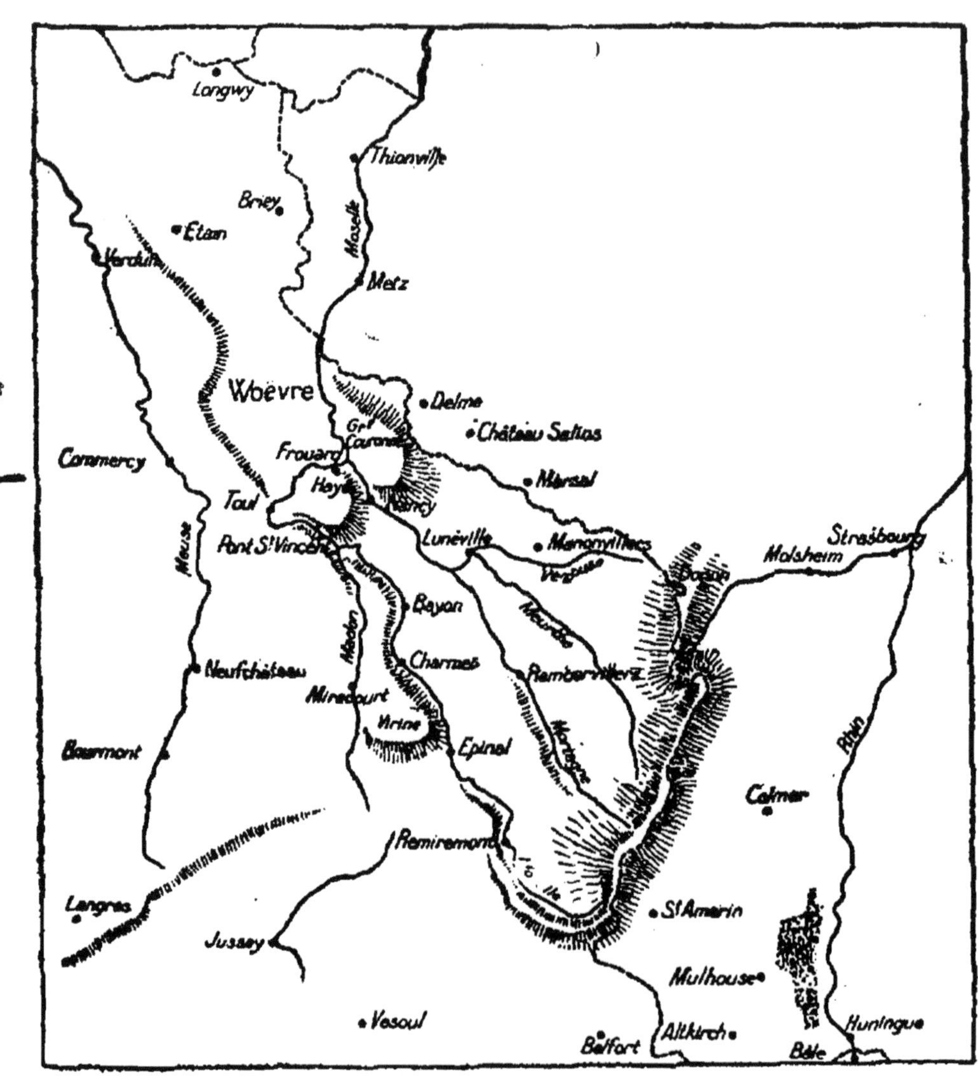

Frontière de l'Est (Alsace-Lorraine).

vent la *trouée de Charmes*. En réalité, il n'y avait
pas plus de souricière que de trouée. Cette partie
d'Epinal à Toul est au contraire très forte défensivement. Il y existe trois lignes de résistance successives, constituées surtout par les hauteurs des
versants des vallées, plus que par les cours d'eau
eux-mêmes, la Meurthe, la Mortagne et la Moselle.
Deux d'entre elles étaient des avant-lignes, qui
furent abordées par l'ennemi au début de la guerre.
Il dépassa la première, celle de la Meurthe et attei-
gnit la seconde, celle de la Mortagne. Là, il fut
arrêté et ne put aborder la troisième, la Moselle,
qui était la vraie ligne de bataille projetée. En
arrière de la Moselle, nous avions au besoin toute
une série d'excellentes positions de retraite.

Le camp retranché d'Epinal tient les deux rives
de la Moselle. L'attaque allemande contre nos positions constituées par les hauteurs, pendant et
après la traversée de la rivière, devait être prise
en flanc par des forces débouchant d'Epinal, qui
avait ainsi une mission active. Vers Toul, le plateau de la forêt de Haye, s'avançant entre la Moselle et la Meurthe, pouvait remplir le même office
dans le flanc droit de l'ennemi. Nos positions de
défense commençaient à droite à la côte de Virine,
au nord de la route d'Epinal à Mirecourt, et à peu
près à mi-distance entre ces deux villes. Elles se
prolongaient en direction de Pont-Saint-Vincent
par le signal de Charmes et les hauteurs à l'ouest
de Bayon. C'était une ligne de premier ordre, avec
des points d'appui bien organisés.

Au cours de l'un de nos voyages d'études, à une station au sommet de la côte de Virine, le général de Miribel nous demanda aux uns et aux autres notre opinion sur ces positions de défense. La réponse unanime fut que nous aimerions mieux être chargés de les garder que de les prendre.

Notre concentration, nous l'avons dit, avait été dès le principe prévue plus loin en arrière, jusqu'à ce que la place d'Epinal nous permît la manœuvre indiquée, et surtout jusqu'à ce que le progrès de nos chemins de fer nous assurât la certitude d'atteindre et d'occuper avant l'ennemi les positions de la rive gauche de la Moselle, en rapprochant de la frontière les zones de débarquement et de concentration de nos armées. Encore fallait-il, pour que ce fût possible, que ces positions fussent tenues dès le premier jour par nos troupes de couverture s'appuyant aux places fortes.

En avant de la ligne Toul-Epinal, aucune fortification permanente ne fut édifiée ; il n'y avait pas lieu. Deux forts d'arrêt, battant les voies ferrées de Nancy à Metz et à Strasbourg furent placés l'un à Frouard, l'autre à Manonvillers. Celui de Frouard fut inutile pendant la dernière guerre ; quant à celui de Manonvillers, on sait ce qu'il en advint.

Cette appellation de *forts d'arrêt* a sans doute été choisie pour ne pas décourager les défenseurs ; car, en réalité, ce sont plutôt des forts de *retardement*. Ils tiennent un passage, route ou chemin de fer. Mais, si l'ennemi a besoin de ce passage, ils ne peuvent pas avoir la prétention, avec leurs moyens forcément très limités, de le lui interdire bien longtemps. Au nord de Toul, et en raison de la perpétuelle menace de Metz, un certain nombre d'ouvrages furent construits. Leur mission n'était pas absolument celle des forts d'arrêt. C'étaient plutôt de petits points d'appui sur une ligne naturelle de bataille installée au bord de cette terrasse qui longe et domine la Woëvre, les *côtes de Meuse*, et non pas, comme on dit souvent, les *Hauts de Meuse* [1]. Certains de ces forts, et personnellement nous n'avons jamais su pourquoi, furent édifiés du côté opposé à l'escarpe, vers le cours d'eau. Tel fut le cas pour le camp des Romains, les Paroches, Troyon et Génicourt.

De toute façon, les fortifications de la région de l'est n'ont pas été faites pour fermer des portes, pour interdire à l'ennemi l'accès du territoire national, ni davantage pour lui ménager des couloirs forcés, mais bien pour permettre, en combinaison avec nos chemins de fer, de placer nos quais de débarquement et notre concentration en sûreté, le moins loin possible de la frontière, étant donné que jusqu'à nouvel ordre l'initiative et la force de pénétration de notre adversaire nous interdisaient de protéger notre pays de la façon la plus efficace, c'est-à-dire en portant la guerre chez lui.

---

1. Dans le pays, le nom de Hauts de Meuse appartient exclusivement à la région qui encadre le cours supérieur du fleuve, c'est-à-dire à celle de Neufchâteau et de Bourmont.

Le premier résultat à obtenir était de mettre notre armée en mesure de combattre et de *combattre réunie*, seule condition de la force. Il était urgent d'y pourvoir, puisque l'ennemi pouvait entrer chez nous d'une heure à l'autre, comme il a menacé maintes fois de le faire. Et lorsque les progrès de l'artillerie mirent en péril nos points d'appui de l'est, c'était encore de ceux-ci, et toujours pour la même raison, qu'il fallait s'occuper.

Les mêmes motifs n'existaient pas d'attirer aussi spécialement notre attention sur le nord, ni sur le Jura. Car, en admettant la violation d'une neutralité ou de l'autre, violation d'ailleurs à peu près certaine, le temps nécessaire aux armées allemandes pour traverser soit la Suisse, soit surtout la Belgique, nous permettait d'effectuer la formation et la réunion de nos forces sans être surpris et bousculés en plein travail de débarquement et de concentration.

Dans l'est, une seule place a pour objet de fermer une porte, c'est Belfort. Cette mission de Belfort nous entraîna loin ; parce que ni les Vosges, ni le Jura, montagnes moyennes, n'opposent, à beaucoup près, des barrières infranchissables. Du moment que nous fermions la porte, nous ne pouvions pas, logiquement, laisser des trous à côté, par lesquels on aurait pu passer, sans se soucier de la fermeture. Il fallait boucher ces trous, de proche en proche, plutôt que de renoncer à Belfort insuffisante. Laisser la porte ouverte eût été une décision dangereuse ; car si l'Alsace représentait pour nous un cul-de-sac, où il était sans intérêt militaire de nous aventurer, en revanche l'ennemi pouvait à loisir, et même à notre insu ou à peu près, y amener des masses contre la trouée de Belfort, à l'abri de la forêt de la Hardt, laquelle n'est guère à plus de 40 kilomètres de la place. Alors, il pénétrait d'emblée dans la haute vallée de la Saône. On comprendra sans peine que c'était là une éventualité à éviter.

Ainsi Belfort, porte fermée, exigea au nord la défense de la ligne de la Savoureuse, de Giromagny et du ballon de Servance ; puis celle de la haute Moselle en amont d'Epinal, pour interdire les routes tournant la défense de la trouée par les excellents passages des Vosges dans la région de Saint-Amarin. Au sud, il fallut édifier les ouvrages de Montbéliard et plus loin ceux du Lomont. Etait-ce assez ? Nous verrons que non. Quand on veut, dans l'état actuel des communications, boucher des trous, on n'en finit pas. Et les boucher pour combien de temps ? Jusqu'à ce que le fort d'arrêt, ou même l'ouvrage plus important, s'effondre sous les gros obus à charges puissantes d'explosifs. Si les travaux destinés à garder soit la trouée de Belfort, soit les passages latéraux, doivent être anéantis au bout de quelques jours, il faut chercher ailleurs la vraie solution.

Nous insistons sur ce point, pour nous faire bien comprendre. Nous n'avons nullement la pensée de nier l'intérêt capital qui s'attache à la place de Belfort ; mais nous signalons la difficulté de mettre Belfort à l'abri d'un investissement rapide, l'ennemi tournant le camp retranché par le nord et par le sud, ou même à l'abri d'une destruction sans investissement, comme celles de Liége, Anvers et Maubeuge. Belfort point d'appui d'une armée de campagne peut sans doute tenir longtemps ; mais si l'armée n'existe pas, ou si elle tarde trop à entrer en ligne, et là il y a urgence, son sort devient celui de toutes les places qui se sont trouvées dans le même cas.

La trouée de Belfort est sur la frontière même. L'ennemi y accède immédiatement. Au temps où le duc d'Aumale commandait le 7ᵉ corps d'armée, des troupes allemandes en manœuvres vinrent par bravade jusqu'à proximité du camp retranché, passant la frontière, et des ordres télégraphiques furent demandés directement et d'urgence par le gouverneur de la place au ministre de la guerre.

Il faut ajouter que de notre ligne de défense Belfort était la seule place qui fût dans une situation aussi critique. Ni Épinal, ni Toul, ni Verdun, ni les lignes de bataille que ces forteresses jalonnent ou appuient, n'étaient à moins d'une quarantaine de kilomètres de la frontière. On avait, à la rigueur, le temps de se retourner.

On voit par tout ceci de quelle inconséquence, de quelle inconscience, est l'observation qui reproche au général de Rivière, l'éminent constructeur de nos places, d'avoir laissé à la disposition de l'ennemi, en avant des fortifications, une trop large partie du territoire national. Il faut, pour formuler une pareille critique, n'avoir vraiment aucun sens de la situation qui nous était faite par le voisinage immédiat d'une puissance toujours ennemie et d'une force militaire très supérieure à la nôtre.

En avant de nos défenses, malheureusement, Nancy restait dans le glacis de Toul et de la forêt de Haye. Nancy était condamnée, et nous ne pouvions, à notre très grand et très douloureux regret, rien faire pour préserver cette belle capitale de la Lorraine. Si nous avions fortifié le Grand Couronné, c'est-à-dire les hauteurs très favorables à la défense qui s'élèvent à l'est et au nord-est de Nancy, nos canons auraient tenu sous leur feu, de l'autre côté de la frontière, Delme, Château-Salins et Marsal. L'ennemi affectait d'y voir une provocation et en faisait un cas de guerre. C'eût été bien autre chose, si nous avions cherché à fortifier le bassin de Briey !

La distance de Metz à Briey, de ville à ville, est de 20 kilomètres, et Briey est à 5 kilomètres de la frontière. La fortification aurait à peine pu tenir des positions convenables, le long de la vallée de l'Orne, sans pénétrer en territoire allemand. Entre nos canons et ceux du fort permanent de Plesnoy, il n'y aurait pas eu plus de 9 kilomètres. Fortifier Briey, c'était commencer le siège de Metz en temps de paix! Comment peut-on penser qu'une pareille chose eût été admise ?

On a fait observer que, sans fortifier le bassin de Briey, nous aurions pu, du moins, le tenir sous notre canon, pour empêcher les Allemands de l'exploiter. Et comment ? En édifiant des forts et des batteries quelque part entre Étain et Briey? Mais il n'est nullement douteux que si les minerais de Briey étaient utiles à l'ennemi, dès le début de la guerre ces forts ou batteries auraient été criblés d'obus et détruits. Étant forcément isolés, ils n'auraient pas duré plus longtemps que tous autres dans le même cas. Alors, à quoi bon ? Nous ne pouvions pas, à notre gré, faire passer notre ligne de bataille par Briey, puisque la position de cette ligne de bataille, mouvante en dépit des tranchées, ne dépendait pas de notre volonté, et qu'elle était un résultat d'équilibre. Quand bien même une exception eût été faite en faveur de Briey, lorsqu'avant les hostilités nos troupes les plus avancées furent retirées à 10 kilomètres en deçà de la frontière, et quand bien même cette exception, précisément en face de Metz, n'eût pas à elle seule justifié l'entrée de l'ennemi chez nous, il n'était pas possible militairement, *tactiquement*, d'occuper Briey.

La seule chose admissible, à la condition que des mesures préparatoires fussent prises dès le temps de paix, était la mise hors de service des exploitations, avant de quitter une région que nous ne pouvions pas conserver. Cette mise hors de service devait retarder l'exploitation allemande.

Pendant combien de temps? On ne saurait le dire. Mais supposons pendant un an. L'Allemagne était-elle à court de minerai de fer au point que celui de Briey lui fût indispensable avant six mois, un an même? Cela ne paraît guère probable. Toutefois, nous n'insisterons pas sur ce point, parce qu'il est en dehors de notre compétence.

On a abandonné Briey, on a abandonné la Woëvre! Certes, c'est fort regrettable. Mais il était au-dessus de nos moyens qu'il en fût autrement. Si nous avions eu l'initiative de la guerre, si nous avions mobilisé les premiers, si nous avions été tout de suite les plus forts, alors c'eût été une autre affaire. Mais, somme toute, la vraie manière de défendre Briey et de le garder, c'était de prendre Metz.

Il nous faut encore une fois revenir sur cette conception qui fait le fond de toutes les critiques incompétentes: *L'armée a pour fonction de défendre pied à pied le territoire national.* C'est l'idée la plus fausse et la plus funeste qu'on puisse se faire d'une guerre défensive. Être partout et défendre tout, c'est le moyen certain d'être battu, même par une armée ennemie inférieure en nombre ; c'est le moyen certain de perdre la partie et avec elle tout ce territoire qu'on a prétendu sauvegarder. C'est ce que nous appelons *la conception bourgeoise* de la guerre, celle des esprits, si intelligents et distingués qu'ils soient, qui ont la prétention de connaître l'art de la guerre, sans jamais l'avoir appris nulle part et à aucun moment.

Détruire cette erreur, qui est tenace, pour lui substituer la vérité, est le but essentiel de notre travail. On nous permettra donc d'insister et de le déclarer de nouveau : L'idée de la défense pied à pied, ici d'une industrie, là d'une mine de fer, plus loin d'un gisement de charbon, etc..., paraît simple et logique au premier aspect. En réalité, elle est tout le contraire.

Ce que nous avons dit montre que le territoire touchant à la frontière allemande, le plus exposé à courir un danger immédiat, n'a pas été, comme on l'a prétendu, hérissé d'une telle profusion d'ouvrages défensifs qu'il était devenu infranchissable. On n'y a fait que le nécessaire en vue d'appuyer d'abord les forces chargées de couvrir la mobilisation, puis la concentration des armées contre une attaque brusquée, et enfin de créer à ces armées des points d'appui pendant la bataille. La possibilité de l'attaque brusquée a toujours été reconnue ; elle a toujours préoccupé les ministres de la guerre, les chefs d'état-major généraux, les commandants des 6e, 7e et 20e corps d'armée. Nous avons cité des exemples qui montrent à la fois cette possibilité et cette préoccupation. En voici encore un, que nous empruntons à M. Joseph Reinach :

« Le général Chanzy écrivait de Châlons, en 1882, au général Campenon, ministre de la guerre dans le cabinet Gambetta : « Il faut prévoir la possibilité d'une attaque brusquée dès le premier jour de la mobilisation [1]. »

Il fallait donc avoir une réponse immédiate à l'attaque brusquée. Laquelle ?

Nous avons démontré que la défense de la frontière du nord ne pouvait pas être confiée aux seules fortifications et que le concours de l'armée de campagne était nécessaire. Ce que nous avons dit pour le nord est aussi vrai pour l'est. Par conséquent les fortifications seules ne paraient pas à l'attaque brusquée, qui était à craindre là, et non dans le nord.

Les garnisons de guerre des places fortes doivent être et sont, en effet, désignées dès le temps de paix ; elles font l'objet de dispositions spéciales des plans de mobilisation et de concentration. Il est nécessaire que les ouvrages permanents voisins de la frontière reçoivent *à la première heure* le complément de leurs effectifs, car sans cela, ce complément serait exposé à ne pas pouvoir rejoindre. Il est donc forcément constitué par les territoriaux des régions frontières, en dehors de certaines unités actives de l'artillerie et du génie spécialement affectées au service des fortifications. Un système développé de places et de forts sur la frontière peut absorber à lui seul la totalité des forces recrutées dans les départements du nord et de l'est, jusqu'à une profondeur assez grande.

1. Joseph Reinach, *La guerre sur le front occidental.*

Il est de principe, et l'expérience de toutes les guerres a prouvé, que la garnison d'une place doit lui rester affectée tant que cette place peut être comprise dans une zone de guerre ; car, de deux choses l'une : ou bien elle est nécessaire à la défense de la place et il faut l'y laisser, ou bien elle ne l'est pas, et alors il ne faut pas commencer par l'y mettre. Il est également de principe sanctionné par l'expérience qu'une armée de campagne ne doit pas se réfugier dans une place forte ou un camp retranché, sous peine d'être obligée de mettre bas les armes dans un délai plus ou moins long. Les exemples à l'appui sont nombreux, sans compter celui de l'armée de Bazaine à Metz. A la rigueur, une armée peut traverser un camp retranché pour le mettre entre elle et l'ennemi ; mais elle ne doit pas s'y arrêter.

On voit que la sécurité dans l'est exige des garnisons et des affectations permanentes aux fortifications et en outre des troupes toujours prêtes à garnir les positions. Si maintenant nous passons de la situation de sûreté du temps de paix à la situation de guerre déclarée, en supposant que nous occupions la frontière depuis Dunkerque jusqu'à Belfort, nous aurons à constituer tout le système de défense de l'est, prêt le premier parce qu'il est le plus urgent, puis celui du nord, comprenant des troupes de garnisons de places et des troupes de campagne.

Le calcul nous a fait voir que les positions de

combat à la fois du nord et de l'est ne pouvaient pas être tenues par les seules forces actives mobilisées, *dans les conditions de la première période de la guerre*, c'est-à-dire avec les ressources dont nous disposions au mois d'août 1914, avant que l'Angleterre n'ait pu mettre à côté de la nôtre une armée d'une réelle importance. Selon ce calcul, nous n'avions pas le tiers de ce qu'il eût fallu. Voyons maintenant quelle aide pouvait nous apporter l'appui des fortifications.

Les forts isolés ou batteries ne tiennent qu'une place minime sur la ligne de bataille ; mais les camps retranchés tels que Toul, Épinal, Verdun, Belfort, gardent chacun en moyenne une vingtaine de kilomètres de front, avec les effectifs de leurs garnisons propres, qui doivent être complètes au moment où l'ennemi les aborde. La ligne de bataille prévue et que nous avons précisée, prolongée à droite par la haute Moselle, la Savoureuse et Belfort, à gauche de Verdun à Montmédy, en direction de l'escarpe des côtes de Meuse, est un peu plus longue que la frontière estimée en ligne droite ; elle donne environ 300 kilomètres. Les quatre grandes places réduisent de 80 kilomètres le total des fronts à tenir par les troupes de campagne, soit d'un quart de la longueur. En l'absence de données précises sur ce qui concerne la frontière du nord, puisque les places y sont pour la plupart déclassées et que la ligne de bataille n'y existe pas, nous devons supposer que les conditions

y seraient les mêmes, la longueur totale étant
aussi de 300 kilomètres. La densité des camps retranchés, Lille, Maubeuge et autres, y serait égale,
occupant aussi environ 80 kilomètres de front. Il
resterait donc, sur un ensemble de 600 kilomètres,
440 kilomètres de positions défensives tenues par
les armées de campagne. A raison de 8 kilomètres
par corps, *au maximum*, on ne pourrait y pourvoir qu'en disposant de 55 corps d'armée. Admettons encore qu'il existe dans la région du nord des
intervalles infranchissables représentés par des
inondations, et qu'ils s'étendent sur une centaine
de kilomètres, afin de faire la partie aussi belle
que possible aux partisans de la défense passive
sur toute la frontière, le strict nécessaire n'en est
pas moins encore de plus de quarante corps d'armée. Comme précédemment, nous estimons que
les divisions de réserve ont pour mission de constituer les réserves locales et générales. Ces dernières doivent au moins former deux groupes, car
un seul ne pourrait au besoin être transporté en
temps utile d'un bout à l'autre de la ligne de
bataille. *Or, une quarantaine de corps d'armée,
c'est le double de ce que nous possédons.*

Nous avons fait ressortir les nombreux avantages
que l'initiative prise depuis quarante ans concédait

à l'Allemagne. Parmi ces avantages, il en est un sur lequel il faut insister : la conduite de l'offensive et le choix du terrain d'attaque. Nous avons déjà fait remarquer que ce dernier, en raison de l'indépendance de la mobilisation et de la concentration vis-à-vis l'une de l'autre, et grâce à la possibilité de préparer dès le temps de paix divers plans de concentration, pouvait varier *en raison même de nos mesures de défense*. De toute façon, le plan allemand comportait l'élargissement du front de l'est ; mais cet élargissement pouvait être obtenu à volonté contre notre aile droite ou contre notre aile gauche. C'est contre cette dernière qu'il était *ostensiblement* préparé.

Tout le monde savait que l'Allemagne avait construit d'importantes voies ferrées en Prusse rhénane, de façon à transporter ses forces vers la frontière belge. Nul n'ignorait, même les gens qui ne s'occupent jamais de ces sortes de choses, que de nombreux quais de débarquement existaient tout le long de cette frontière et dans les régions voisines. Des livres avaient été publiés, dus à la plume de généraux allemands, où les projets étaient nettement avoués, les plans d'une campagne agressive par la Belgique ouvertement annoncés, à l'encontre du secret que l'on observe toujours en pareille matière. Tout le monde connaissait cela, excepté, paraît-il, notre commandement et notre état-major de l'armée, mieux placés que quiconque pour être informés, et dont l'attention devait être attirée cent fois pour une sur des questions pareilles [1].

Nous ne pouvions pas abandonner la frontière de l'est, dont la prétendue fermeture n'existait pas et ne pouvait pas exister, puisque c'est là chose irréalisable. Cette frontière, toutefois, était plus forte que celle du nord, tant de sa nature que par ses fortifications. Mais si les projets allemands nous amenaient à modifier nos dispositions, à développer les défenses artificielles du nord et même, ce qui eût été très mauvais, à y concentrer des armées, l'ennemi le saurait de suite. Les travaux faits sur le terrain, fortifications et autres, ne se dissimulent pas. Les plans de concentration eux-mêmes ne peuvent guère être établis dans toutes leurs parties sans que rien en transpire, surtout quand l'ennemi pratique l'espionnage sur une aussi vaste échelle que l'Allemagne. Alors, que pouvait-il arriver ?

Si nous commettions la faute insigne d'affaiblir notre concentration de l'est au profit du nord, l'Allemagne changeait ses batteries en conséquence. Il

---

1. De 1903 à 1912, j'ai été appelé plusieurs fois à conférer, comme sous-chef d'état-major général et directeur du service géographique, avec le vice-président du Conseil supérieur de la guerre, autrement dit le *généralissime*, au sujet des meilleures dispositions à adopter, dans l'hypothèse où nous serions appelés à étendre malgré nous nos opérations en territoire belge, pour que nos armées puissent disposer de cartes à échelle uniforme, chevauchant la France et la Belgique. La solution était la réduction du 40.000ᵉ belge au 50.000ᵉ, employée concurremment avec l'amplification de notre 80.000ᵉ à la même échelle.

est même permis de penser que toute la démonstration étalée vers la frontière germano-belge avait pour objet principal de nous attirer dans le nord aux dépens de l'est. Quand on y réfléchit, on ne peut s'empêcher de soupçonner que tout ce tapage fait en Allemagne même, ces publications indiscrètes qui ne pouvaient voir le jour qu'autorisées par l'état-major impérial, n'avaient pas d'autre but. Il n'est guère d'usage de prévenir ainsi l'adversaire de ses intentions, et une telle franchise devait nous être suspecte.

Il existait vers la frontière belge des voies ferrées nouvelles et de nombreux quais de débarquement, cela est vrai. Mais il y en avait autant partout ailleurs, et on ne doit pas perdre de vue que les grands travaux exécutés dans l'Eifel pouvaient aussi bien viser la frontière d'Alsace-Lorraine.

Il pouvait être d'autant mieux décidé par l'Allemagne d'abandonner son projet par la Belgique que ce projet avait été annoncé à son de trompe, et en agissant ainsi, *elle ne soulevait pas l'Angleterre contre elle.* L'attaque sur la frontière française devenait incomparablement plus facile par la dissémination de nos forces sur un front hors de toute proportion avec nos effectifs du premier mois, et cette attaque, comme l'avaient toujours pensé les commandants des corps d'armée de l'est, pouvait commencer *dès le premier jour de notre mobilisation,* ou tout au moins et certainement, d'après l'expérience de 1914, dès le 3e jour, date de l'agression sur le front de la Meuse, à Liége.

L'Allemagne n'avait pas à se préoccuper de laisser des garnisons de défense dans ses forteresses. Elle avait beau jeu. Alors que notre front se diluait vers la mer du Nord, le sien n'allait que jusqu'à Longwy. Tandis que notre ligne de bataille courait, en grande partie inutile, sur 600 kilomètres, la sienne se réduisait à moins de moitié, au quart si elle le voulait. Elle n'occupait pas plus d'espace qu'en 1870 au premier moment, mais elle se prêtait à un effort en profondeur, quitte à s'étendre après s'il en était besoin.

Quel eût été le champ de bataille choisi? Nous n'en savons rien ; mais nous devons admettre comme le plus probable celui qu'en tout temps préparait l'accumulation des forces ennemies à Metz. Le 4 août, au lieu d'attaquer réellement les forts de Liége, l'armée du général Emmich pouvait se borner à une démonstration devant la frontière belge, tandis qu'en même temps, ou à peu près, le flot débordait de Metz, atteignait en une étape les côtes de Meuse, avançait entre les forts, masquait Toul et Verdun, bousculait nos forces éparpillées en cordon, passait outre et progressait Dieu sait jusqu'où!... Il est inutile de chercher plus loin, ce serait discuter une bataille qui n'a pas existé. Nous devons nous limiter à l'examen de ce qui eût été possible, probable même.

Le résultat ne pouvait être que désastreux. Nos troupes refoulées n'avaient plus alors d'autre préoccupation que chercher trop tard une concentration devenue fort problématique. Elles eussent été presque fatalement réparties en deux masses séparées, pour n'avoir pas à gagner une zone commune trop loin en arrière, et n'être pas contraintes à l'abandon du territoire partout, au nord comme à l'est, sur une profondeur plus grande que celle du recul nécessaire avant la bataille de la Marne. Nos armées du nord surtout se fussent trouvées dans une situation précaire, menacées d'être rejetées vers la mer et coupées de leur ligne d'opérations, c'est-à-dire de leurs communications avec l'intérieur, si elles ne se hâtaient de battre en retraite, non sur Paris, ce qui eût été déplorable, mais sur la basse Seine entre Paris et Rouen.

Voilà, en toute certitude, ce qui fût résulté de la dissémination de nos forces.

On a écrit aussi, et répété, que nous aurions dû même abandonner l'est et tout concentrer dans le nord. En pareil cas, il est évident que l'offensive allemande aurait encore plus facilement réussi dans l'est, puisque les seuls obstacles opposés entre les places fortes se seraient trouvés à peu près supprimés. Mais, du moins, notre armée y aurait trouvé l'avantage de ne constituer qu'une seule masse pouvant tomber dans le flanc droit de l'ennemi. On dira qu'avec la disposition précédente nous pouvions constituer deux menaces, une sur chaque flanc. C'eût été très mauvais ; nous verrons bientôt pourquoi. L'union des forces en une seule masse est la condition essentielle de la lutte pouvant amener le succès.

Si la concentration en une masse dans le nord valait mieux *en principe* que la dissémination, le choix du nord était cependant des plus défectueux, puisqu'en cas d'échec la retraite devenait excentrique, au lieu de rapprocher l'armée de l'ensemble de ses ressources. Une victoire de l'ennemi n'était même pas nécessaire pour que cette retraite s'imposât. Les Allemands n'avaient qu'à pousser tout droit de Lorraine vers l'ouest leurs masses doubles des nôtres, puis à faire face au nord. Comme dans le cas précédent, nos armées du nord, c'est-à-dire cette fois la totalité de nos troupes de campagne, étaient immédiatement menacées de se voir acculer à la mer, si elles risquaient la bataille au lieu de retraiter à temps vers la basse Seine.

Enfin, si l'ennemi jugeait son front de Lorraine trop étroit ou s'il estimait trop solide notre défense de l'est, même réduite, pour espérer en venir à bout rapidement, comme il n'avait plus le même avantage à passer par la Belgique, l'autre solution, celle qui avait de nombreux partisans dans l'armée allemande, *et sur laquelle on s'était gardé outre Rhin d'attirer l'attention*, pouvait alors s'appliquer de préférence, l'aile gauche allemande prenant du large aux dépens de la neutralité suisse. Nous avons parlé des études poursuivies chez nous dans cette hypothèse. M. Joseph Reinach la signale en passant, dans son ouvrage *La guerre sur le front occidental*. « L'empereur allemand, résolu comme il l'était depuis les événements du Maroc à faire la guerre, pensa tourner l'obstacle de la Lorraine par la Suisse. » Ceci n'est pas bien loin de l'époque actuelle. On n'ignore pas, en outre, que pendant la guerre on eut à diverses reprises des inquiétudes du côté du Jura, et que certaines mesures furent prises en conséquence.

La violation de la neutralité suisse apparaît au premier abord comme plus difficile que celle de la Belgique. On s'imagine les Allemands forçant des passages de hautes montagnes défendus par une armée sérieuse de patriotes, excellents tireurs pour la plupart. Mais telle n'est pas la question. Nous allons voir qu'il ne s'agit pas du tout de traverser la Suisse de part en part, comme fut traversée la Belgique, mais simplement d'*écorner* le territoire helvétique dans une mesure très restreinte, suffisante pour le résultat cherché, et dans des conditions telles que l'armée suisse pourrait difficilement s'y opposer.

Pour ceux de nos lecteurs qui sont au courant de l'histoire militaire, il nous suffira d'un mot : Le plan allemand consistait tout simplement à recommencer la manœuvre de Schwartzenberg, qui, en 1814, emprunta le Jura de Bâle à Neuchâtel, pour traverser la vallée de la Saône et gagner par la Côte-d'Or le bassin de la Seine.

VI

LA SUISSE ET LE JURA

La Belgique possède une armée permanente. Elle peut mettre 120.000 hommes en face de l'assaillant. En août 1914, l'armée de campagne comprenait 80.000 combattants, constitués en cinq divisions. Elle a des places fortes d'un modèle aussi récent que possible : Liége et Namur. Elle a en arrière la place d'Anvers.

La Suisse ne possède aucune place forte pour servir de point d'appui à la défense du Rhin. Elle n'a pas d'armée permanente, mais elle dispose d'un système de milices qui lui donne 150.000 à 160.000 hommes dans l'armée active, lesquels sont portés à 240.000 hommes par l'adjonction de la landwehr. On compte généralement qu'elle peut mettre en ligne près de 200.000 combattants. Chaque homme ayant par-devers lui son uniforme, son équipement et ses armes, la mobilisation est très rapide. Mais les dispositions de défense seraient trop tardives, s'il s'agissait d'amener sur le Rhin l'armée mobilisée. Elle n'y parviendrait pas en cas d'attaque brusquée, puisque l'armée ennemie serait dès la première heure sur le Rhin même.

La distance de Constance à Bâle dépasse un peu
120 kilomètres. Une armée de 200.000 hommes
serait tout à fait insuffisante pour défendre le passage du fleuve et y attendre l'ennemi partout à la
fois, dans l'ignorance de ses véritables projets. On
a toujours considéré que le plan de défense de la
Suisse consistait surtout à occuper, dans l'intérieur
du pays, certaines positions bien choisies, d'où
l'armée pourrait menacer de flanc l'envahisseur.
L'action de cette armée serait la même que celle
de l'armée belge à Anvers ; mais dans des conditions beaucoup meilleures, parce qu'elle pourrait
avoir de l'espace en arrière et latéralement. Ainsi,
les masses allemandes pénétrant en Suisse n'auraient pas de places fortes à réduire ; mais il leur
faudrait, en revanche, masquer l'armée suisse au
moyen d'une force équivalente, qui prendrait des
dispositions défensives pour protéger la ligne d'opérations.

De Constance à Bâle, le Rhin n'est pas l'obstacle qu'il devient en aval. Le fleuve ne se divise
pas, et sa largeur varie de 60 à 120 mètres. Les
points de passage permanents sont très nombreux.
Ils comprennent 6 ponts de chemins de fer, 18 ponts
de routes, et 28 bacs. Ces derniers ne sont mentionnés ici que pour montrer la possibilité de la
traversée par bateaux ou par radeaux assurant le
va-et-vient d'une rive à l'autre. Il existe des parties
difficiles, des rapides, mais sur des longueurs limi_
tées. On peut facilement les éviter. Le développe-

ment du cours, toujours entre les deux mêmes termes de Constance et de Bâle, est de 167 kilomètres.

Les chemins de fer allemands sont très bien conçus pour amener très vite des armées sur le Rhin. Une voie longitudinale dessert la rive allemande, ainsi que le côté nord du lac de Constance, de Lindau à Bâle. Sur cette voie, ou la traversant, arrivent : 1° la ligne de Munich à Lindau, permettant aussi de venir d'Augsbourg et d'Ulm ; 2° la ligne du Danube par Ulm, aboutissant à Friedrichshafen ; 3° la ligne d'Ulm à Constance. On sait que cette dernière ville est en territoire bavarois ; par conséquent le Rhin peut y être franchi avant toute violation de neutralité ; 4° la ligne de Stuttgard, par Singen, au pont du Rhin d'Hemmishofen ; 5° la ligne de la rive droite du Rhin, de Francfort à Bâle ; 6° en Alsace, la ligne de Strasbourg à Bâle par Mulhouse. Les transversales, en Allemagne, sont nombreuses.

Une portion du front du Rhin est mal desservie ; c'est celle qui, entre Bâle et Waldshut, correspond à l'épanouissement sud du massif de la Forêt-Noire. Mais ce défaut est en partie compensé par l'existence de la transversale allemande le long du Rhin.

Le fleuve franchi, les communications, à l'intérieur de la Suisse, tant routes que voies ferrées, sont très denses, surtout celles de la plaine, entre le Rhin, le Jura et les Alpes. Comme il est impossible de faire aucune hypothèse fondée au sujet de celles des voies ferrées suisses que l'envahisseur pourrait utiliser, nous ne tablerons que sur les parcours par les routes.

Ceci posé, voyons comment les choses auraient pu se passer, en supposant d'abord qu'une armée allemande, et sans doute plus spécialement une armée autrichienne débouchant de la région de Constance, aurait pour mission spéciale d'attirer sur elle et de neutraliser l'armée suisse.

Nous partons de la situation créée par l'extension de notre dispositif de défense à la frontière du nord, extension qui décide l'Allemagne à adopter la variante en question. Afin de donner le change, la démonstration allemande vers Liége, admise toujours dans le cas précédent, fonctionne de même, de façon à nous tromper le plus longtemps possible sur les intentions de l'adversaire. On peut prévoir que la Belgique demande, comme en 1914, le secours de l'armée française. Il peut en résulter qu'au lieu de garder notre frontière franco-belge, nous traversons la Belgique pour venir occuper la ligne de la Meuse, depuis Visé jusqu'à Mézières, ou mieux encore jusqu'à Verdun, afin de donner toujours la main à la défense de l'est. C'est un changement de front en marchant par l'aile gauche. Il a le très important résultat, du moins apparent, de sauver la Belgique. Le nouveau front qui en résulte pour nous est beaucoup plus avantageux, à tous égards, que celui de notre frontière. Il est plus

court d'une cinquantaine de kilomètres, couvert
sur toute sa longueur par l'excellent fossé de la
Meuse, et pourvu, comme points d'appui, de places
du dernier modèle. Du moment que le programme
consiste à défendre les frontières, il n'y a pas à
hésiter ; mauvais pour mauvais, c'est encore préférable à l'occupation de notre frontière du nord.
Mais, toujours conformément à ce programme, nous
ne supposerons pas que les armées franco-belges
se laissent entraîner à prendre l'offensive en Prusse
rhénane.

Nos armées du nord étant ainsi sur la Meuse,
et celles de l'est accrochées par les armées allemandes d'Alsace-Lorraine, c'est alors que les
masses allemandes de l'aile gauche exécutent leur
mouvement débordant, comme l'ont fait en 1914
les masses de l'aile droite. Ce sont, d'ailleurs, les
mêmes masses, auxquelles s'applique un plan de
transport différent.

Pour bien faire comprendre ce qui suit, il nous
faut d'abord rappeler en quelques mots comment
est constitué le Jura : Ce n'est pas, ainsi que les
Vosges, une chaîne de montagnes d'altitude
moyenne, mais bien une grande surface tabulaire,
en forme de croissant dont la concavité est tournée
vers la Suisse. La pointe nord du croissant est
pratiquement vers Waldshut, au confluent de l'Aar
dans le Rhin ; la pointe sud est bordée par le
Rhône, entre Bellegarde et Ambérieu.

Le Jura n'est pas un seul plateau, mais une

succession de plateaux de plus en plus élevés en allant de France vers la Suisse ; une sorte d'immense escalier. Les marches de cet escalier sont rarement unies ; elles sont le plus souvent striées dans le sens de la longueur, par des *plis*, c'est-à-dire des crêtes qui séparent des dépressions, et ces plis sont de plus en plus accentués, toujours en allant de France en Suisse. Le dernier, qui longe la plaine suisse et tombe brusquement sur elle, atteint de véritables proportions de montagnes, surtout au sud, puisqu'il dépasse parfois 1.600 et même 1.700 mètres d'altitude. L'escarpe orientale du Jura constitue par suite une ligne très forte au point de vue de la facilité de la défense. Mais la frontière ne suit pas cette ligne ; elle la coupe et la recoupe d'une façon tout à fait arbitraire, chevauchant les crêtes et les vallées longitudinales ; de sorte que, sans avoir la plupart du temps à franchir l'escarpe, on passe de Suisse en France et réciproquement par ces vallées alternant avec les crêtes, et où sont tracées d'excellentes routes. Au point de vue de notre défense, *sans sortir de notre territoire*, cette frontière est donc très défectueuse.

Au point de vue de l'invasion par l'aile marchante de la gauche ennemie, on peut dire qu'elle est *topographiquement* ouverte. Il importe peu, en effet, à l'armée allemande, violant la neutralité suisse, de savoir si elle est en territoire suisse ou français, lorsqu'elle progresse par les routes longitudinales et qu'elle prend sur son flanc extérieur des dispositions de protection. Il est tout indiqué pour elle de choisir en vue de cette protection comme ligne de défense l'escarpe, depuis Waldshut, en fermant les passages et en prolongeant son flanc vers le sud-ouest autant qu'il lui convient, soit par exemple jusqu'à l'aplomb de Pontarlier, où ce flanc est en outre couvert, sur un tiers de sa longueur, par les lacs de Bienne et de Neuchâtel.

Comprise de cette façon, la violation de la neutralité suisse est tout autre chose que celle de la neutralité belge. Elle ne fait pour ainsi dire que border la frontière le long du Jura, en empruntant le territoire suisse sur une assez faible largeur, tandis que la Belgique a été traversée totalement, de l'est à l'ouest. On voit que ce mouvement peut être exécuté *sans attaquer l'armée suisse* retranchée où l'on voudra, et que c'est au contraire cette armée qui doit prendre l'offensive contre une ligne naturelle extrêmement forte, facile à garder avec peu de monde. Les conditions, dans les deux cas, sont bien différentes.

Certes, on ne traverse pas le Jura n'importe où avec la même facilité que la frontière franco-belge. Il y a là de sérieux obstacles. Mais si nous les avons étudiés et si nous savons comment on peut les franchir ou les tourner, il n'est pas douteux que les Allemands sont sur ce point aussi bien renseignés que nous, et que, le cas échéant, leurs mesures sont arrêtées et prêtes à fonctionner.

Une particularité de cette frontière, c'est que dans les endroits où elle suit les crêtes, beaucoup de communications perpendiculaires à ces crêtes, et qui existent de chaque côté, soit en Suisse, soit en France, ne se rejoignent pas. Les vraies routes passant d'un pays à l'autre sont très rares, en dehors de celles qui suivent des vallées longitudinales.

Nous devons admettre, dans notre examen raisonné, que les places et les forts de la région sont armés et pourvus de leurs garnisons. Sinon, la manœuvre de l'ennemi est facilitée d'autant.

Le front par lequel les armées allemandes de l'aile marchante abordent le Jura s'étend de Mulhouse à Bâle (25 kilomètres) et de Bâle à Waldshut (50 kilomètres). Il comprend la partie méridionale de la trouée de Belfort et l'extrémité septentrionale du croissant du Jura, qu'il prend *en bout*, sans avoir, comme nous venons de l'indiquer, à se préoccuper de franchir l'escarpe, laquelle lui devient favorable contre une attaque latérale de l'armée suisse, au cas où celle-ci ne se trouverait pas accrochée dans la région de Constance et serait par suite en mesure de prendre l'offensive. Les passages permanents utilisés sur le Rhin, sans compter ceux qu'on peut établir, sont les ponts de Huningue, les trois ponts de Bâle, ceux de Rheinfelden, de Sackingen, de Laufenberg, et les deux ponts de Koblentz, près Waldshut. Soit dix ponts de routes ou de chemins de fer.

Belfort est destinée à être attaquée de suite par

la première armée débouchant d'Alsace, et masquée tout au moins du côté du sud. Entre les forts du camp retranché et ceux de la crête du Lomont, la distance est de vingt et quelques kilomètres. Au milieu de cet intervalle, on trouve les deux ouvrages de Montbéliard, les forts du Mont-Bart et de La Chaux. L'ennemi peut les écraser sous les projectiles lourds, en très peu de temps. Il n'y a pas de raison pour qu'ils résistent mieux que Manonvillers, Hirson ou les Ayvelles. Là, on est en plaine, et le trajet entre les ponts de Bâle et Montbéliard est très facile pour les tracteurs automobiles attelant les pièces lourdes. Les routes sont très bonnes. Ce trajet mesure une soixantaine de kilomètres. Il peut être accompli en deux jours. Après Montbéliard, on ne rencontre plus de défenses ; le Jura est franchi, ou plutôt tourné par le nord.

Tandis que l'artillerie de l'attaque maîtrise les batteries de la défense, puis les détruit, l'armée continue sa marche, ainsi qu'elle l'a fait ailleurs, en Belgique et en France, sans plus s'occuper des fortifications que si elles n'existaient pas. Le réseau routier est très dense, dans toutes les directions. Les ouvrages du Lomont tiennent sous leur feu la grande route de Bâle à Clerval par Porrentruy. On peut les contrebattre. On peut aussi, au premier moment, les négliger, car il n'est pas indispensable de faire usage de cette route ; celles qui conduisent de Bâle vers Montbéliard passant à une quinzaine de kilomètres plus au nord.

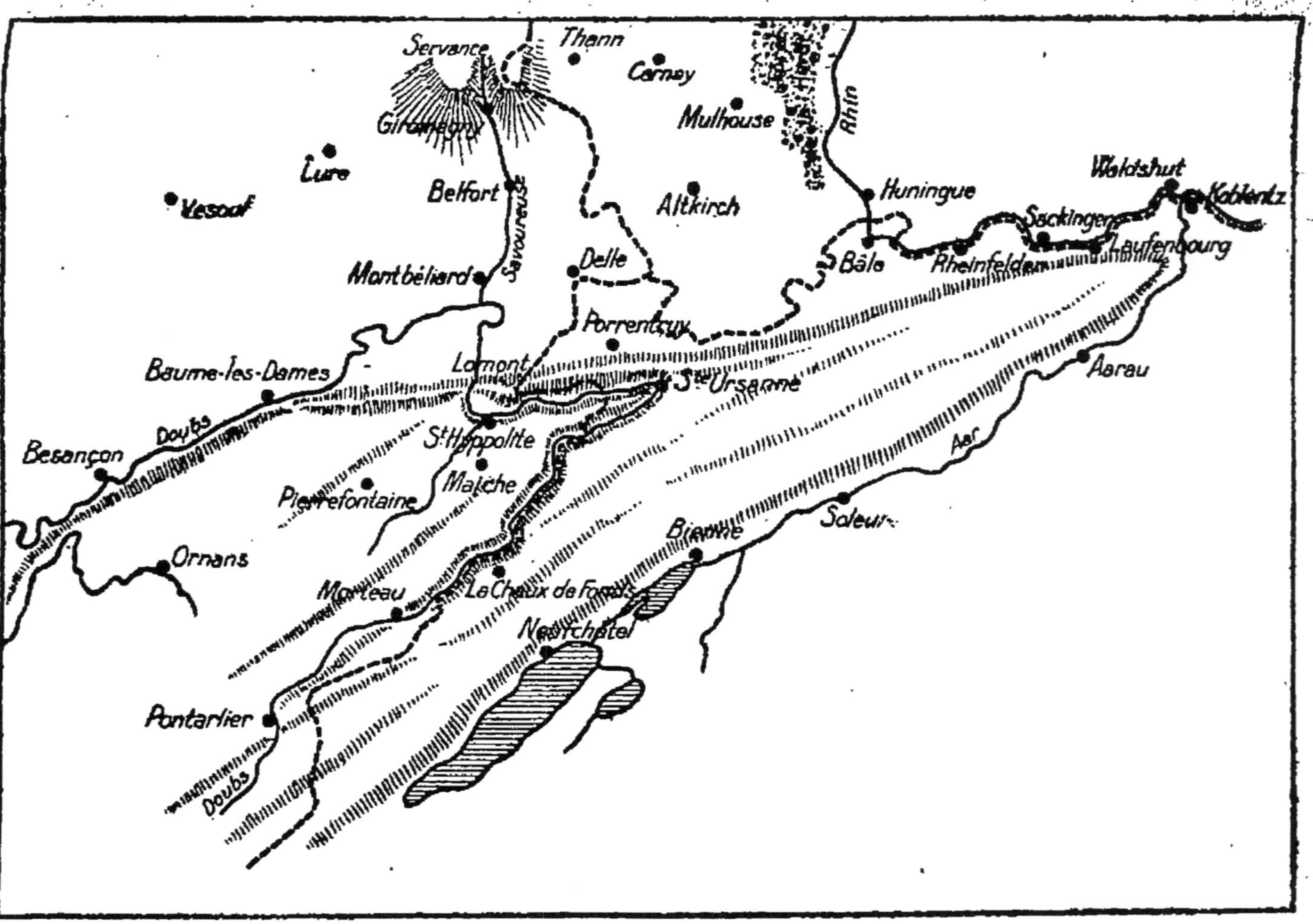

Servance
Thann
Cernay
Giromagny
Mulhouse
Rhin
Lure
Waldshut
Belfort
Huningue
Koblentz
Vesoul
Altkirch
Säckingen
Savoureuse
Bâle
Rheinfelden
Laufenbourg
Montbéliard
Delle
Porrentruy
Aarau
Baume-les-Dames
Lomont
St-Ursanne
Doubs
St-Hippolite
Aar
Besançon
Pierrefontaine
Maîche
Bienne
Soleur
Ornans
Morteau
La Chaux de Fonds
Neuchâtel
Pontarlier
Doubs

Frontière du Jura.

Le revers sud du Lomont et l'intérieur du Jura touchant ce revers sont d'un accès difficile. Le Doubs y décrit un lacet étroit, où il est profondément encaissé entre deux hauts versants rocheux, escarpés presque partout. Ce lacet se nomme la boucle de Sainte-Ursanne. Les passages y sont rares et médiocres. Toutefois, il en existe et on peut les utiliser en se tenant à l'abri des vues du Lomont sur les contre-pentes. On peut aussi traverser sur d'autres points, avec un peu de travail, et gagner ainsi la région de Maîche et de Pierrefontaine. Ces possibilités sont établies pour qui a parcouru les environs, avec le souci de les étudier à ce point de vue spécial. Ce n'est, d'ailleurs, pas une critique des forts et batteries du Lomont, car il faudrait les multiplier à l'excès, et même en établir sur le territoire suisse, pour qu'il en fût autrement.

Une fois sur le plateau, toute difficulté de parcours disparaît. Le passage le plus ouvert, et non gardé, est celui de la route de Neuchâtel ou de La Chaux-de-Fonds (Suisse) à Morteau (France) ; l'une de celles, précisément, qui suivent entre deux crêtes une dépression coupée par la frontière. Il est à 35 kilomètres au sud du Lomont. Du voisinage de Morteau à la boucle Sainte-Ursanne, le Doubs forme frontière. Il coule au fond d'une gorge rocheuse et profonde qu'aucune route ne traverse ; aucun chemin même. Il y a là une véritable barrière qu'on peut considérer comme infranchissable pratiquement, sur 25 à 30 kilomètres. Cependant, les contrebandiers y passent.

A partir de Morteau, en continuant vers le sud jusqu'aux chaînes élevées, le Jura est *perméable* partout, ou à peu près. Les chemins sont très nombreux et le parcours sous bois, dans les forêts de sapins, est facile. Les obstacles qu'on rencontre sont locaux ; on les contourne sans trop de difficulté. Les forts de Joux et du Larmont, à Pontarlier, gardent un important nœud de grandes routes, mais par lequel on ne passe pas *nécessairement*. Un autre ouvrage voisin est fait pour empêcher qu'on ne les tourne à court rayon ; mais on peut passer plus loin.

Enfin, en arrière de ces quelques défenses s'élève le camp retranché de Besançon, que l'ennemi aborde après avoir traversé le Jura dans toute sa largeur. Il doit masquer cette place ou laisser des forces pour en faire le siège. Quant à la durée probable de ce siège, on conçoit que nous n'en parlions pas.

Ainsi, dans toute cette moitié septentrionale du Jura, la seule portion réellement difficile de la frontière, sur quelque étendue, est donnée par le cours du Doubs au-dessous de Morteau. Mais elle ne constitue pas un front directement opposé à l'ennemi, puisque ce dernier vient du nord-est, et, comme nous l'avons fait remarquer, prend le Jura *en bout*. Elle est presque parallèle à la direction de la marche.

Il est superflu de pousser l'examen de la frontière au delà des environs de Pontarlier vers le sud, car l'aile marchante allemande ne s'étendrait vraisemblablement pas entre Pontarlier et le Rhône.

Nous avons dit que la région de Montbéliard pouvait être atteinte en deux jours. Nous comptons les journées de marche à 30 kilomètres environ, puisque l'ennemi ne rencontre aucune défense active en dehors des fortifications, nos armées étant les unes engagées dans l'est, et les autres inutiles sur la frontière du nord, sinon en Belgique. La journée de 30 kilomètres n'a rien d'exagéré. Pendant notre retraite de Charleroi, l'ennemi a gagné près de 20 kilomètres par jour, *en combattant sans cesse*. On peut admettre largement un tiers en plus, s'il s'agit de marcher sans rencontrer de résistance sérieuse. Dans ces conditions, le cours de la Saône à Vesoul, Gray et Auxonne peut être atteint en sept jours.

A la première nouvelle de la violation de la neutralité de la Suisse, nos armées du nord doivent être repliées et transportées d'urgence vers le sud, pour faire face à l'invasion. Combien de temps cette opération demande-t-elle ? Il est bien difficile de le dire au juste, puisque cela dépend des positions occupées, de la répartition des corps d'armée, et aussi de celle du matériel des chemins de fer au moment précis. Nous n'avons de données pouvant en quelque sorte nous servir que dans le temps exigé pour les déplacements de nos réserves pendant la guerre, vers les secteurs menacés.

La grande offensive allemande sur le front britannique de l'Escaut a commencé le 21 mars 1918. Les masses de manœuvre amenées en conséquence vers ce front n'ont pu arrêter l'ennemi que dix jours après, alors qu'il avait déjà dépassé Montdidier. L'offensive sur le front de l'Ailette a débuté le 26 mai, et l'ennemi n'a été arrêté qu'à partir du 5 juin, après avoir dépassé Château-Thierry. Soit encore dix jours après le début. Ici, les distances sont bien moindres que dans l'hypothèse actuellement étudiée ; mais du moment qu'il s'agit de transports par chemin de fer, les distances comptent peu ; c'est affaire de quelques heures de plus ou de moins. Ce qui importe, c'est plutôt le nombre des lignes dont on dispose, celui des effectifs à faire voyager, enfin la quantité et l'état du matériel roulant. Les lignes utilisables les plus directes, évitant de faire un grand détour par la Normandie et au delà, pourraient être les suivantes : 1° Armentières — Amiens — Pontoise — Versailles — Juvisy, puis la grande ligne du P.-L.-M. jusqu'à Dijon. 2° Lille — Est d'Amiens — Creil. La grande ceinture Est — Nogent-sur-Seine — Troyes — Mirebeau. 3° Valenciennes — Saint-Quentin — Reims — Langres — Gray. 4° Maubeuge — Attigny — Bar-le-Duc — Chalindrey — Vesoul. Les lignes situées plus à l'est ne seraient pas disponibles, puisqu'elles passent à travers la zone occupée par les armées qui regardent la frontière de l'est. On peut évidemment combiner d'une autre façon les itinéraires, mais les points d'arrivée restent à peu près ceux que nous venons d'indiquer : Dijon, Mirebeau, Gray et Vesoul.

Nous venons de voir qu'il faudrait compter, d'après l'expérience de la guerre, une dizaine de jours pour transporter une concentration importante du nord à la vallée de la Saône. Or, en dix jours, l'ennemi ne rencontrant aucune armée devant lui et marchant à raison de 30 kilomètres par jour aurait gagné 300 kilomètres. Il aurait de beaucoup dépassé les points terminus que nous venons d'indiquer. Il serait sur le front de Langres à Auxonne en sept jours. En dix, il pourrait être à Semur, Montbart, Châtillon-sur-Seine, Bar-sur-Aube. Sa cavalerie pourrait à volonté atteindre la Loire à Nevers et à Cosne. Le mouvement pourrait aussi, et avec plus de sens stratégique, se rabattre vers le nord, derrière nos armées de l'est, enveloppant la droite de ces armées. Alors, il parviendrait au delà d'Épinal, de Charmes, de Neufchâteau et de Chaumont.

Il est inutile de chercher plus loin. Dans les conditions de cette guerre, et avec un ennemi aussi audacieux, aussi grisé par les victoires de ses campagnes antérieures, ne doutant jamais du succès de ses armes, et d'un succès facilement obtenu, tout devient admissible.

Pour compléter ce tableau très sombre, heureusement devenu irréalisable, mais que justifient le raisonnement et le calcul, ajoutons que l'offensive de l'aile marchante allemande devait se combiner avec celle des armées de l'est, partant de Metz, par exemple. L'avance certaine que l'Allemagne avait sur nous et sa grande supériorité numérique du début lui donnaient alors d'immenses avantages, lui permettant de mettre à exécution tel plan d'attaque qu'elle voudrait. C'est là ce qu'il ne faut pas perdre de vue lorsqu'on veut apprécier les dispositions que nous avons prises.

Jusqu'ici, nous devons tirer de notre étude les conclusions suivantes :

1° La possibilité de la défense du territoire national par les fortifications seules est une illusion. Les techniciens n'en ont jamais douté, et aujourd'hui les événements l'ont prouvé pour tout le monde.

2° Si au lieu de tenir concentrés nos effectifs, déjà très inférieurs en nombre, nous les avions étalés le long de la frontière, nous étions indubitablement battus, quel que soit le plan d'attaque adopté par l'ennemi. En outre, la concentration trop tardive, reportée forcément très loin en arrière d'un front si étendu, après la défaite, ne permettait plus la manœuvre qui nous a valu la victoire de la Marne, *victoire de laquelle date réellement l'infériorité de l'Allemagne.*

3° Si nous avions effectué notre concentration en

majorité sur la frontière de Belgique, pour compenser l'insuffisance des lignes naturelles ainsi que des moyens artificiels de défense de cette frontière, nous aurions rendu facile toute combinaison allemande, soit dans l'est, soit par le Jura, tant en vue de rejeter nos armées dans une direction excentrique, vers le nord, et de les couper de leurs lignes d'opérations, que d'envahir et d'occuper une partie de notre territoire beaucoup plus vaste que celle qui fut sacrifiée en 1914.

Voilà ce que nous eussent valu des conceptions contraires aux enseignements de la stratégie, au véritable esprit de la guerre ; des vues étroites, des préoccupations de défendre non plus la France, mais les charbonnages du nord, les minerais de Briey ou les industries de la région de Lille, que nous aurions perdus, et perdus définitivement, avec la défaite au lieu de la victoire finale.

D'autre part, si l'Angleterre a consenti l'immense effort que l'on sait, la vraie raison en est dans la violation de la neutralité belge. Il faut bien le reconnaître, la défense de la justice et du droit était ici d'accord avec l'intérêt direct. Un gouvernement n'a pas de sentiments, il n'a que des devoirs. Le même effort aurait-il été accompli, si au lieu de la Belgique la Suisse eût été en question ?

L'Italie aussi pouvait-elle se joindre à nous alors qu'ayant déjà l'ennemi devant elle, dans des conditons fort gênantes, il eût fallu prévoir la défense du Piémont lui-même, contre une agression par la vallée du Rhône?

Nous laissons au lecteur le soin de répondre à ces questions.

VII

LA SOLUTION

Résumons-nous : Il était tout indiqué que notre concentration devait être déterminée vers l'est, en direction de la frontière la plus immédiatement menacée, celle par laquelle l'ennemi pouvait entrer chez nous du jour au lendemain, sans violer aucune neutralité. Le développement de notre réseau ferré nous permit d'année en année d'atteindre ce but plus sûrement. Les fortifications de l'est furent édifiées les premières, dans la même pensée, et tenues ensuite le mieux possible à la hauteur de leur mission, par des perfectionnements souvent fort difficiles à réaliser. L'expérience de la guerre prouve que les efforts faits dans ce sens sont restés en partie stériles.

Nous eûmes ainsi non pas une frontière de l'est fermée, impénétrable, chose radicalement impossible avec la densité actuelle des voies de communication de toute nature, mais de bons points d'appui pour nos troupes de couverture tenues à effectifs renforcés et gardant des lignes de défense. Cette protection indispensable permettait à nos forces de se réunir, c'est-à-dire à notre armée *d'exister*, l'armée étant la condensation des forces.

Si l'ennemi violait la neutralité suisse ou la neutralité belge, au lieu d'attaquer directement, notre concentration dans l'est n'en était que mieux assurée ; nos éléments actifs arrivaient en temps utile et nos divisions de réserve pouvaient même, au moins en partie, les rejoindre avant la bataille, par la raison qu'il fallait à cet ennemi plus de temps pour traverser la Belgique ou le Jura, et se rabattre ensuite soit vers le nord, s'il passait par le sud, soit vers le sud s'il passait par le nord, qu'il ne devait en mettre pour se présenter devant nos positions de la Meurthe, de la Mortagne puis de la Moselle, ou bien devant celles des côtes de Meuse.

La résolution de tout concentrer dans la région indiquée avait été prise, dès 1876, après des études approfondies, faites par les hommes de guerre les plus qualifiés. Elle n'a jamais été critiquée par aucun. Tous, au contraire, lorsque par la suite leurs fonctions les y ont appelés, ont travaillé à compléter les vues de leurs prédécesseurs et à en perfectionner l'application. C'était une nécessité. Plus faibles que notre adversaire, nous ne pouvions espérer vaincre qu'en faisant de toutes nos forces une seule masse, en la tenant prête à agir, dans la main du chef, selon ce que ferait l'ennemi. et en compensant autant que possible notre infériorité numérique par la solidité des quelques points d'appui compris dans nos lignes de bataille. L'initiative appartenant à l'Allemagne, l'expectative nous était imposée ; rôle difficile et ingrat, mais le seul qui nous fût permis. Insistons encore, afin de ne laisser aucun doute dans l'esprit du lecteur, sur la nécessité absolue de la concentration en une seule masse :

Si nous représentons notre force numérique par le chiffre 2, celle de l'armée allemande qui nous est opposée dès le début atteint à peu près le chiffre 4. Dans le cas de la séparation en deux masses, situées où l'on voudra, peu importe, chacune de nos masses devient égale à 1. L'ennemi pénètre entre les deux. Il détache contre l'une un effectif 1, égal à celui de cette masse, et pendant qu'il l'a contient, il enveloppe et écrase l'autre avec une force 3. Après quoi, il se retourna contre la première avec une force quadruple.

Nous avons exposé le mécanisme de la concentration dans ses traits élémentaires et fait comprendre que les variantes prévues au plan principal deviennent très difficilement applicables du moment que la concentration fonctionne et que le matériel roulant mis en œuvre n'est plus réparti comme ces variantes l'exigeraient. Il fallait donc que dans notre attitude de stricte défense, subordonnée à la volonté de l'ennemi, la situation adoptée convint à tous les cas qui pouvaient se présenter.

Nous avons démontré assez clairement, espérons-nous, que garnir la frontière du nord et celle de l'est en même temps, pour combiner l'action de l'armée active avec celle des places fortes plus

ou moins en état de résister, était *l'envers de la
concentration* ; que cela revenait à la dissémination
en cordon, système condamné de tout temps aussi
bien par le sens commun que par les leçons de
l'histoire militaire. Nous avons vu aussi quel péril
devait entraîner une concentration effectuée en majorité dans le nord. Il n'est pas besoin de présenter de nouveaux raisonnements ni de nouveaux
calculs, pour établir que ce péril eût été tout aussi
grand, dans le cas où nos lignes se fussent étendues le long de la frontière suisse, au lieu de la
frontière belge. Il n'est pas douteux qu'alors l'ennemi serait parvenu de Belgique à Paris, avant
que notre armée, mal placée, n'eût été ramenée
vers l'est et le nord, et suffisamment rapprochée
pour imposer une bataille dégageant la route de la
capitale.

Du moment que nous ne devions nous porter
d'avance ni sur la frontière belge ni sur la frontière suisse, il ne restait à considérer que le terme
intermédiaire. Ainsi, la concentration dans l'est,
directement menacé, s'accordait avec la protection, non pas de telle ou telle région, si intéressante qu'elle fût, mais avec celle de la France, qu'il
fallait assurer avant tout.

Ceux qui critiquent notre concentration dans
l'est à l'exclusion du nord, et citent à ce propos
l'étude du général Herment sur la défense de la
frontière franco-belge, ne s'aperçoivent pas que
cette étude va précisément à l'encontre de leur

manière de voir. Le général Herment ne s'occupe
que de la frontière du nord, abstraction faite de
tout le reste. Il est conduit à proposer, pour l'armée active coopérant à la défense, une situation
centrale d'attente, entre l'Escaut et la Scarpe. C'est
exactement la solution adoptée par notre concentration en 1914 ; seulement, cette solution, au lieu
de viser exclusivement la frontière du nord, embrasse la totalité de la frontière française menacée,
en face de la Belgique comme en face de la Suisse.
Nous avons pris vis-à-vis de l'ennemi une position
stratégique centrale, comportant l'offensive ou la
défensive face à l'est, s'il débouchait directement
d'Alsace-Lorraine ; face au nord dans son flanc
gauche, s'il marchait sur Paris en traversant la
Belgique ; face au sud, dans son flanc droit, s'il
passait par la Suisse.

Ces situations de flanc, qui empêchent l'ennemi
de poursuivre droit devant lui sur un objectif géographique ou politique, et l'obligent à un changement de front, ne sont pas plus que tout le reste
une nouveauté. L'histoire militaire en est pleine,
et presque toujours elles ont obtenu les meilleurs
résultats. Donnons-en un seul exemple :

Au début de la campagne de 1859, alors que
toutes nos forces n'étaient pas encore parvenues en
Italie, et que l'armée autrichienne menaçait de
marcher sur Turin par la rive gauche du Pô, le
maréchal Canrobert eut avec le roi Victor-Emma-
nuel une conférence, au sujet des premières dis-

positions à prendre. Le projet du roi était de défendre directement la route de Turin, en occupant la rive droite de la Dora Baltea, affluent de gauche du Pô. Le flanc droit s'appuyait au cours du fleuve ; le flanc gauche remontait au delà d'Ivrée vers les Alpes, dans le voisinage du célèbre fort de Bard. Le maréchal visita la ligne de la Dora Baltea ; il la jugea défectueuse pour diverses raisons. En conséquence, il proposa de laisser ouverte la route de Turin et de prendre une position de flanc, sur la rive droite du Pô, vers Alexandrie, où l'armée française et l'armée italienne pourraient se concentrer à l'abri d'une attaque brusquée, avec une tête de pont permettant de passer à volonté sur l'autre rive. De cette façon, si les Autrichiens marchaient sur Turin, nous tombions dans leur flanc gauche. L'événement justifia le choix du maréchal. L'armée autrichienne franchit le Tessin. Prise en flanc à Palestro, elle fut battue et obligée de rétrograder de suite. Tout le reste de la campagne s'en suivit.

Ainsi donc, les défenses de flanc, comportant suivant les circonstances le passage à l'offensive, en obligeant l'ennemi à se conformer à une orientation qui n'est pas celle qu'il eût voulue, sont très souvent plus avantageuses que les défenses directes. Il en est ainsi surtout quand on a l'infériorité numérique.

Parmi ceux qui critiquent avec peu de mesure notre concentration, il en est qui apprécient cependant les dispositions du règlement de 1895 sur le service des armées en campagne, qui recommandait d'attendre, pour s'engager, une manifestation de volonté chez l'ennemi, et de l'attirer sur un terrain où on puisse lutter dans de bonnes conditions, le commandement restant libre jusque là de refuser le combat. Notre concentration de 1914 ne tendait pas à autre chose.

Elle nous mettait pour la bataille dans les conditions les moins défavorables auxquelles nous puissions prétendre. Nous refusions de nous engager sur la frontière de Belgique, comme sur celle du Jura, pour nous réserver la faculté de nous battre là où nous pouvions le mieux réussir, en bénéficiant de nos réserves ayant rejoint à temps, et en tout cas pour limiter la pénétration de l'ennemi sur notre territoire, en l'empêchant de poursuivre son chemin, soit sur Paris, soit sur le centre de la France, avant d'avoir battu tout ce que nous pouvions réunir de forces.

En 1914, nous abandonnions ainsi tout le nord, une importante partie de notre domaine et par surcroît les départements les plus riches, les installations les plus prospères. C'était malheureusement une nécessité militaire. Avant tout, et quelque sacrifice qu'il pût en coûter, il fallait ne poursuivre qu'un but : sauver la patrie.

Quand le capitaine d'un navire que la tempête met en péril se résout à jeter à la mer sa cargaison, même à couper sa mâture et à l'envoyer par-dessus bord, c'est que cela est nécessaire pour sauver le bâtiment et l'équipage. Quand un chirurgien se décide à couper une jambe, c'est pour sauver la vie du malade. La jambe ne repoussera pas, et cependant le malade comprend et se résigne au sacrifice nécessaire. Il est plus complet, puisqu'il est toujours définitif, que celui de plusieurs départements. Car, si l'abandon de ces derniers assure, ou seulement permet d'espérer la victoire, les territoires occupés par l'ennemi peuvent faire retour à la patrie, et souvent *quelque chose avec.* La dernière guerre, comme tant de guerres passées, le prouve de la façon la plus éclatante.

Ce n'était pas en défendant le sol pied à pied et en reculant toujours sous les coups de l'ennemi que nous pouvions conserver les départements du nord ; ce n'était pas en tâchant de rester, coûte que coûte, au bassin de Briey, ce qui, d'ailleurs, n'était pas possible, que nous arrivions à le préserver de l'ennemi. Il nous a été rendu sans que nous y allions, comme Metz et comme Strasbourg. Une seule chose importe, à la guerre : *Battre l'ennemi.* Tout le reste en dépend. Qu'il ait été battu ici ou là, le résultat final est le même, et rien ne compte que lui.

En principe, et dès les premières études relatives à notre plan de campagne, la ligne d'Épinal à Toul, comprenant à gauche la forêt de Haye, était absolument défensive. Les travaux de fortification de campagne à y exécuter avaient été déter-

minés dès le temps de paix. Mais nous avons déjà
fait remarquer que nous pouvions en déboucher en
prenant l'offensive, selon les circonstances, soit
avec l'attaque du flanc gauche de l'ennemi par
Épinal, soit avec celle de son flanc droit par la
forêt de Haye. Dans la moitié nord, au contraire,
celle des côtes de Meuse, aucune offensive n'était
prévue en Woëvre. Metz interdisait tout projet de
ce genre. En dehors même de toute considération
relative aux effectifs allemands réunis à Metz et à
la force de pénétration qu'ils assuraient à l'ennemi
en Woëvre, nous ne pouvions marcher sur Metz
et risquer de détruire une ville française.

Si l'ennemi se présentait par la Belgique, la
ligne défensive en question gardait notre flanc
droit ; nous faisions face vers le nord et nous prenions nos dispositions pour agir soit offensivement,
soit défensivement, suivant le cas. Si l'ennemi
venait par le Jura, la ligne Toul-Épinal-Belfort
remplissait le même but, protégeant alors notre
flanc gauche. De la région Toul-Épinal-Neufchâ-
teau, etc., nous étions en quatre journées de
marche par route, sans compter les chemins de
fer, dans le Jura, et à plus forte raison en mesure
d'attaquer l'ennemi débouchant dans les plaines de
la Saône. Belfort et même Besançon fonctionnaient
sans être investis comme nous l'avons montré
précédemment, dans l'hypothèse d'une concentration poussée vers le front belge.

La ligne de bataille regardant l'est, menacée

d'une attaque directe et immédiate, devait offrir le
plus de solidité possible. La ligne de bataille
regardant le nord appuyait sa droite à Verdun. Son
point de gauche avait été prévu d'abord à Reims.
L'intervalle entre les deux camps retranchés est de
80 kilomètres. Pour empêcher l'ennemi de déborder Reims et le flanc gauche, on avait esquissé un
prolongement de fortifications à Laon-La Fère. En
1914, le front de Reims à Verdun, tel qu'il avait
été fixé d'abord, devenait trop étroit pour l'ensemble de nos forces. 80 kilomètres peuvent être
tenus par une trentaine de divisions en première
ligne. Avec le total dont nous disposions déjà en
septembre 1914, le front devait déborder Reims et
s'étendre vers Paris. Dès lors, Reims, au lieu de
former point d'appui et flanquement en avant de
notre gauche, et d'ailleurs aussi débordé par le
front allemand, était menacé de devenir *un saillant*
dans notre dispositif de bataille. Notre intérêt était
d'éviter ce saillant, qui pouvait s'isoler. Le camp
retranché de Paris, comme point d'appui en avant
de notre gauche, se substituait alors à Reims,
dans des conditions incomparablement supérieures
à celles de cette dernière place. Ce camp retranché était trop vaste pour pouvoir être englobé dans
le front de l'ennemi. Après un mois de guerre,
notre front de bataille, tenu par des effectifs no-
tablement supérieurs à ceux du début, même avec
son extension jusque vers Paris, restait encore infé-
rieur de 100 kilomètres à tout front, fût-il en ligne

droite, que nous aurions pu occuper vers la frontière du nord. Au sud, en cas de passage par le Jura, et en admettant que l'ennemi parvienne dans le bassin de la Saône, le trajet étant pour lui beaucoup moins long que le passage à travers la Belgique, nos points d'appui étaient Épinal et Belfort pour notre gauche, Langres pour notre droite, avec Dijon remplissant un rôle analogue à celui de Laon-La Fère prolongeant le flanc de Reims. La distance de Belfort à Langres est d'une centaine de kilomètres. Là aussi, nous avions le temps de faire intervenir nos réserves, et nous pouvions agir offensivement.

Dans l'hypothèse de la violation simultanée de la Belgique et de la Suisse, afin d'attaquer et de prendre à revers nos deux ailes en même temps que le front eût été accroché en Lorraine, le danger devenait des plus graves, car alors, nous n'avions plus de réplique à opposer. Nous ne pouvions être partout à la fois. L'alliance de l'Allemagne avec l'Autriche donnait à prévoir une semblable éventualité, le passage par la Suisse étant probablement réservé aux armées autrichiennes. Fort heureusement, notre alliance avec la Russie rétablissait l'équilibre, l'Autriche était de suite orientée vers la frontière russe.

Reims, Langres et Dijon étaient, en raison de leur situation géographique en arrière de Verdun, Toul, Épinal, Belfort, Besançon, des places *de seconde ligne*. On a voulu y voir un second échelon de défense pour nos armées en retraite, quittant la première ligne et se repliant sur Paris. Dans cette idée d'une retraite sur Paris, on a indiqué l'arrêt sur la falaise de Champagne, qui donne, en effet, de magnifiques positions défensives. Cette falaise est le bord du plateau parisien, dominant de 80 à 100 mètres les plaines de la craie. Elle décrit autour de Paris, du côté du nord-est et de l'est, une vaste courbe, passant au-dessus de Nogent-sur-Seine, Sézanne, Épernay, Reims, Laon. La distance à Paris varie de 80 à 100 kilomètres.

L'occupation de ce front par nos armées refoulées de l'est supposerait Paris comme réduit de la défense, car, après la chute de la falaise de Champagne, la retraite concentrique en direction de Paris s'imposerait. Il ne serait guère possible de l'éviter.

En réalité, *il n'a jamais été question d'occuper et de défendre la falaise de Champagne*, et Paris n'a jamais été considéré à aucun moment comme pouvant devenir le centre, le noyau de notre résistance. Quelque considérable que soit à tous égards l'importance de la capitale, et même précisément à cause de cette importance, aussi bien au point de vue militaire qu'à tous les autres, ce serait commettre la plus lourde et la plus funeste des fautes que réunir sur Paris tous les objectifs possibles de l'ennemi : stratégiques, géographiques, économiques et moraux. Ce serait condamner Paris. Le seul moyen de sauver Paris, c'est d'effectuer la retraite de l'armée dans une autre direction, comme l'a fait le général Joffre en 1914, dans l'esprit du plan général que nous avons développé plus haut, et de laisser ouverte la route de Paris que l'ennemi est alors forcé d'abandonner. Nous l'avons démontré dans une étude précédente [1].

La pensée qui a présidé au choix des places de 2e ligne n'est donc pas celle qu'on s'imagine. On doit d'ailleurs remarquer que parmi les places en question, seul le camp retranché de Laon, limité à peu de chose, laissé à l'état rudimentaire, tire parti de positions sur la falaise de Champagne. Reims est dans la plaine. Un seul de ses forts, celui de Saint-Thierry, occupe un point sur les hauteurs tenant au plateau. Langres est très loin de la falaise de Champagne, et Dijon encore plus. Les emplacements de ces camps retranchés se justifient uniquement par les considérations que nous venons d'exposer, à savoir par l'utilité de posséder des points d'appui dans une action latérale contre l'envahisseur passant soit au nord, soit au sud de la frontière d'Alsace-Lorraine. On voit que leurs fonctions étaient subordonnées aux circonstances et limitées à l'appui d'une manœuvre ; tandis que les places de la ligne de Verdun à Belfort devaient de toute façon soutenir le choc, et le supporter longtemps. Il n'est donc pas surprenant que les travaux de reconstitution des ouvrages, urgents

---

1. *De la Marne à la mer du Nord.*

pour la ligne Verdun-Belfort, n'aient pas été étendus à Laon, Reims, Langres et Dijon.

Le camp retranché de Reims est moins bien situé dans la plaine champenoise que sur la falaise. Il serait mieux établi sur la *montagne de Reims*, ce promontoire boisé qui s'avance entre Reims et Épernay, jusqu'à 15 kilomètres au delà de l'aplomb de l'escarpe. Mais fortifier la montagne de Reims et abandonner la ville, c'était mettre cette dernière dans le glacis du camp retranché, comme Nancy était dans le glacis du système défensif Toul-Forêt de Haye. Reims et Dijon avaient, disons-le en passant, le même défaut que Liége, c'étaient des camps retranchés sans corps de place fortifié, pouvant être traversés sans même que les forts fussent pris, comme l'a été Liége. Les anciennes places ont une enceinte ; mais il n'est guère possible, à moins de grands sacrifices, d'imposer une enceinte à une ville qui s'étend, qui a des faubourgs, lorsqu'on transforme les environs de cette ville en camp retranché.

L'économie de toute notre défense se voit d'un coup d'œil sur notre croquis schématique. Nos places sont disposées presque symétriquement, autant que le terrain s'y prête, par rapport à un axe perpendiculaire à la ligne Verdun-Toul-Épinal, et passant par Metz. De part et d'autre du front Verdun-Épinal se rabattent les deux flancs Verdun-Reims au nord et Épinal-Langres au sud ; avec leurs ailes en crochets, d'une part à Laon-La Fère,

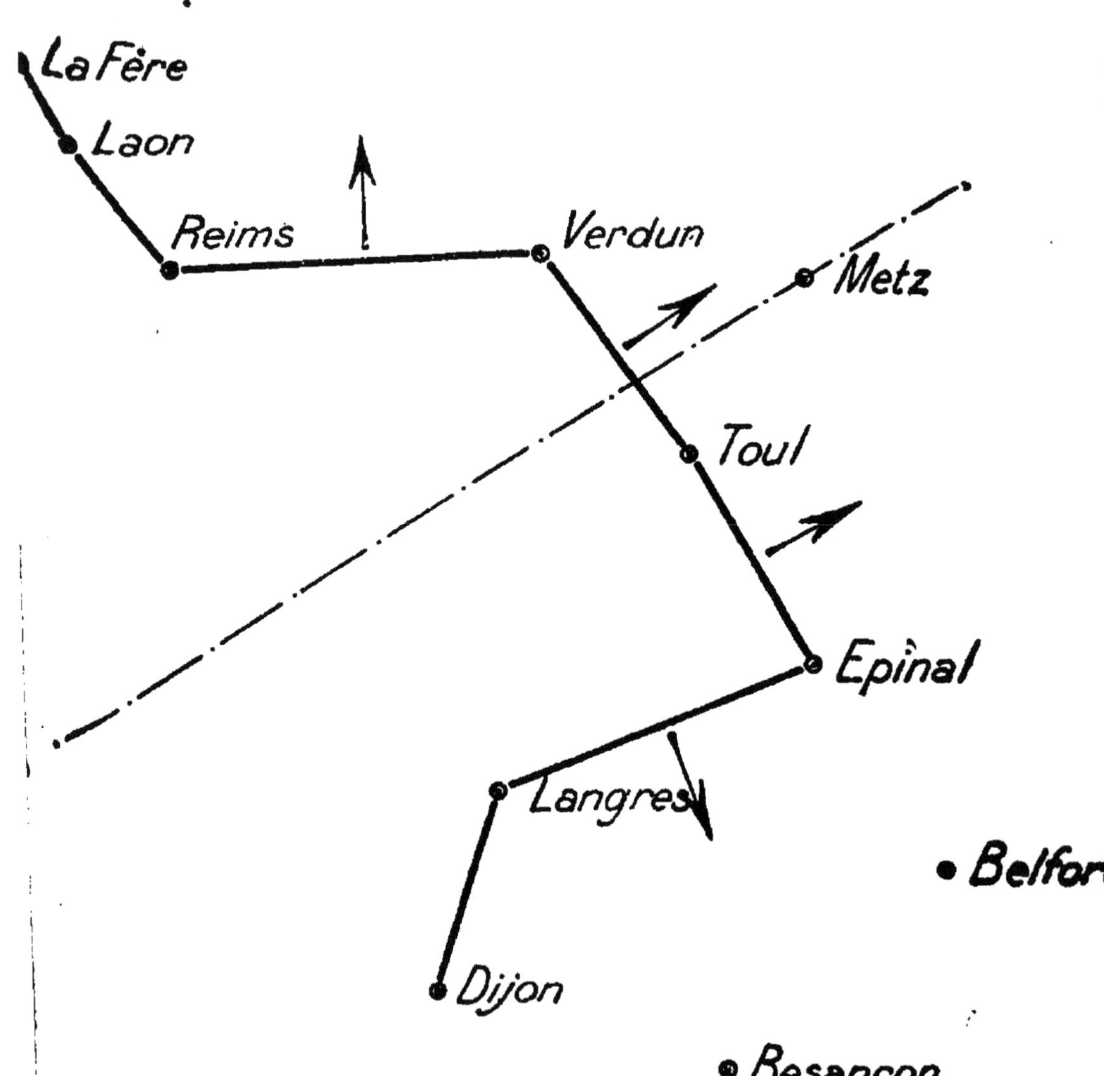

L.' « Erreur » de 1914.

de l'autre à Dijon. Belfort est en dehors de cet ensemble, pour les raisons que nous avons dites. En avant du rentrant nord, Maubeuge garde l'un des importants nœuds de chemins de fer ; symétriquement, en avant du rentrant sud, Besançon remplit le même objet.

L'ennemi ayant violé la neutralité belge et non celle de la Suisse, c'est la partie septentrionale du système de défense qui a fonctionné à la bataille de la Marne. Elle a rempli l'office prévu dès longtemps, avec les changements imposés par les circonstances. Les années avaient passé, et avec elles la supériorité du canon sur la maçonnerie s'était de plus en plus développée. Par suite, Maubeuge n'a rempli qu'un rôle insignifiant. Les fronts se sont étendus avec l'accroissement des effectifs, et le flanc La Fère-Laon-Reims, devenu inutile, a été remplacé par le camp retranché de Paris.

Pour avoir fait justice des opinions erronées, il nous reste à parler de la *manœuvre*, ainsi que de la façon dont il faut considérer, dans la défense du pays, les opérations offensives et défensives. Ces deux questions, qui sont intimement liées l'une à l'autre, la manœuvre n'étant pas autre chose que la combinaison rationnelle des actes offensifs et défensifs, vont faire l'objet de nos deux derniers chapitres.

———————

VIII

LA MANŒUVRE

Quelle que soit notre répugnance à traiter certains sujets, il nous faut pourtant dire un mot de
la critique, ou plutôt de l'accusation la plus stupéfiante dont nous ayons connaissance. Elle
reproche à notre commandement d'avoir volontiers abandonné à l'ennemi nos départements du
nord, pour se procurer la satisfaction de l'y
manœuvrer; c'est-à-dire de s'y livrer à une espèce
de sport militaire, par dilettantisme d'amateurs.
Nos chefs auraient ainsi méconnu le plus sacré de
leurs devoirs, substituant à la défense de la patrie
des opérations faites pour l'amour de l'art et dont
le but n'apparaît ni ne se justifie. Telle est la cri-
minelle et honteuse mentalité qu'on n'a pas craint de
prêter à nos généraux, devenus alors non seulement
indignes des suprêmes honneurs qui ont couronné
leur carrière, mais passibles du conseil de guerre.

Nous avons exposé les raisons de la *force de
pénétration* de l'Allemagne ; nous avons fait voir
que nous étions condamnés d'avance à nous battre
sur notre territoire, soit dans telle région, soit
dans telle autre. Nous avons démontré aussi que,

même cette force de pénétration fût-elle supprimée, le système consistant à garder nos frontières partout, au moyen de places fortes et de troupes de campagne y prenant appui, ne pouvait nous conduire, *en toute certitude*, qu'à la défaite. Nous avons appuyé nos raisonnements de l'opinion des maîtres de l'art de la guerre, opinion unanime dans tous les pays et à toutes les époques. Nous avons fait voir que la défense pied à pied, tâchant de sauver ici une cité industrielle, là une mine de fer ou de charbon, plus loin autre chose, était la solution des ignorants et des incapables. Nous avons multiplié à ce sujet les exemples et les citations. En voici encore une : Frédéric II dit, dans les *Instructions militaires du roi de Prusse* : « Les généraux inexpérimentés veulent tout conserver. Ils ont, par suite, une tendance à mettre des troupes partout. Ce système est ce qu'il y a de pire dans l'ordre défensif. »

Les événements militaires du Transvaal ont été donnés comme paraissant prouver le contraire et justifier la défense pied à pied. C'est là un exemple, sans doute. Mais... à la guerre, il n'existe de fautes et de dispositions vicieuses qu'autant que l'adversaire sait en profiter et qu'il est en mesure de le faire. Autrement, tout est possible et tout est permis. Vis-à-vis des Allemands, *qui savent faire la guerre*, la méthode défensive des Boers eût été illusoire.

Reste donc, pour réussir, le contraire de la

défense pied à pied, et ce contraire, c'est *la manœuvre*, la solution des généraux en chef dignes de ce nom.

Le territoire, a-t-on dit, n'est pas un *champ de manœuvre*. C'est du mot champ de manœuvre qu'est venue la confusion. Nous reconnaissons qu'elle n'est pas uniquement imputable aux *critiques*, mais bien aussi à la pauvreté de notre vocabulaire militaire. Ce vocabulaire nous suffit lorsque nous discutons *entre nous*. Il ne peut y avoir erreur sur le sens des termes. Mais nous avons eu le tort de l'employer dans des écrits destinés au public.

Les villes de garnison ont des *champs de manœuvre*. Les grandes unités sont appelées annuellement et à tour de rôle à exécuter des *grandes manœuvres* ou *manœuvres d'automne*. Donc, en temps de paix, la manœuvre consiste en exercices et en évolutions. Mais le sens stratégique du mot est tout différent.

A la guerre, *manœuvrer l'ennemi* signifie : Se mettre soi-même, et autant qu'on le peut, dans les conditions les plus favorables comme terrain, comme dispositions, comme effectifs concentrés sous la main, et chercher au contraire à placer l'ennemi dans les conditions les plus désavantageuses, de façon à diminuer ses chances de victoire, en développant à l'inverse celles qu'on peut réunir.

On a cité de Napoléon une phrase dont le sens

ne paraît guère avoir été saisi : « Une frontière fortifiée offre une protection à une armée inférieure contre une armée supérieure ; elle lui donne un champ d'opération plus favorable pour se maintenir et empêcher l'ennemi d'avancer, et des occasions pour l'attaquer avec avantage. » Il faut entendre cela ainsi :

1° Une frontière fortifiée ne peut être suffisante à elle seule. Elle ne l'était pas, même au temps de Napoléon, où la puissance des bouches à feu de l'attaque était bien loin de celle d'aujourd'hui. Elle n'était pas une barrière, même à cette époque où la densité des voies de communication se rapprochait beaucoup plus de celle du temps de Vauban que du xxe siècle.

2° Le rôle de points d'appui, que nous avons expliqué, est indiqué en principe dans la phrase.

3° Les mots *champ d'opération plus favorable* et *occasion pour attaquer avec avantage* représentent la manœuvre. Il n'y a ni opération, ni par conséquent champ d'opération, si on se borne à la défense pied à pied, en garnissant la frontière et en reculant quand il n'y a plus moyen de faire autrement. Mais Napoléon n'écrivait pas un cours d'art militaire à l'usage des gens du monde. Il s'adressait aux hommes du métier, et n'avait pas besoin de développer sa pensée pour en être compris.

La manœuvre est beaucoup plus difficile à pratiquer que la défense de front pure et simple.

Nous avons cité un exemple de manœuvre, celui du début de la campagne d'Italie, en 1859. La dernière guerre en fourmille. Ils sont fort nombreux et intéressants sur le front oriental. Nous ne pourrions les passer en revue sans excéder beaucoup les limites de notre étude. Donnons-en un seul, celui de la réplique allemande au dispositif roumain :

La Roumanie déclare la guerre à l'Autriche. Elle met sur pied une armée de 600.000 hommes, a-t-on dit. Elle garnit toute sa frontière de troupes, et comme cette frontière mesure 600 kilomètres, la densité moyenne de ses forces est *d'un homme par mètre courant*. Elle passe la frontière, non pour chercher l'ennemi et le battre, mais pour conquérir, d'entrée de jeu, la Transylvanie, et récupérer les populations de nationalité roumaine. Dans ces conditions, pour qui connaît la guerre, la défaite des Roumains est d'avance chose entendue. En peu de temps, les armées roumaines se voient en effet *ramassées* de la gauche à la droite, l'une après l'autre, par l'armée de Falkenhayn, plus faible numériquement. Ceci est une manœuvre allemande.

Falkenhayn avait défendu la Transylvanie non pas partout à la fois, sur la ligne frontière même, et pied à pied, ce qui eût été la meilleure manière de se faire battre par un ennemi *au total* supérieur en nombre ; mais en opposant successivement toutes ses forces réunies à des armées étalées sur une ligne de bataille dix fois trop longue pour leur effectif. Les Roumains se replièrent sur les passages des montagnes, faciles à garder, parce que les intervalles n'étaient pas franchissables. Mais ils ne disposaient d'aucune *masse de manœuvre* à l'intérieur, pour tomber dans le flanc des armées ennemies qui auraient pu forcer tel passage ou tel autre sur une partie de leur front.

A ces nouvelles dispositions, devenues défensives, les Allemands répondirent par l'attaque de la gauche de la ligne montagneuse (Falkenhayn), combinée avec celle du Danube (Mackensen), dans le voisinage le plus immédiat possible l'une de l'autre. Les deux armées se touchaient sur le Danube, à Orsova, condition essentielle du succès de cette nouvelle *manœuvre*. « L'art de la guerre, dit Napoléon, indique qu'il faut tourner ou déborder une aile sans séparer l'armée. » L'aile gauche roumaine, prise de face et à revers, n'eut pas même le temps de se sauver, et la Roumanie fut envahie jusqu'au milieu de son territoire. Tel fut le résultat de la manœuvre d'un côté et de l'absence de manœuvre de l'autre.

L'attaque à la fois de front et de flanc de notre 5e armée à Charleroi est une *manœuvre* qui donne la victoire à l'ennemi. Nous parlerons dans notre dernier chapitre des conditions de cette bataille. La retraite du général Joffre découvrant Paris et passant entre la capitale et Verdun est une *manœuvre*, qui conduit à la victoire de la Marne. On l'a dénommée un *rétablissement*. Il suffit de se reporter aux ordres et instructions donnés depuis le 25 août et pendant la retraite, annonçant la reprise de l'offensive sur toute la ligne dès que le signal en serait lancé, pour constater qu'il s'agit non pas d'un rétablissement fortuit, mais bien d'une opération voulue et prévue, c'est-à-dire d'une *manœuvre*. Nous avons d'ailleurs fait voir que cette manœuvre fut exécutée dans l'esprit des prévisions faites de tout temps. L'intervention de notre 5e armée dégageant la gauche de la 9e, au cours de la bataille de la Marne, est une *manœuvre*. L'action de la 6e armée (Maunoury) sur l'Ourcq, combinée avec celle de l'armée anglaise sur la Marne, est une *manœuvre* ; et ce sont ces manœuvres qui nous ont valu la victoire à notre tour.

Toute l'offensive anglo-française de 1916-1917 jusqu'à l'Escaut n'est qu'une suite de *manœuvres* parfaitement combinées. La réplique allemande sur le même terrain, en 1917, est encore une *manœuvre*. Toute la grande offensive allemande de 1918 est un enchaînement de *manœuvres* de la part de l'ennemi et de notre part aussi, préparant nos répliques tant en Flandre qu'en Artois et qu'à Château-Thierry. Enfin, toute la campagne offensive conduite par le maréchal Foch, qui s'est terminée par la victoire absolue et la désorganisation de l'armée allemande, est également une belle combinaison de *manœuvres*, que les hommes compétents suivaient avec le plus vif intérêt, chaque offensive partielle préparant la suivante de la façon la plus claire pour qui sait voir.

Qu'est-ce donc que la manœuvre ? Peut-on dire que c'est l'offensive ? Pas absolument ; car, si elle comporte presque toujours l'offensive, elle embrasse en outre les mouvements et dispositions diverses qui la préparent, et ces dispositions admettent très bien des retraites.

Le premier exemple historique de manœuvre ne date pas d'hier. C'est le combat du dernier Horace survivant contre les trois Curiaces blessés. La superbe et classique campagne de France en 1814, où Napoléon lutte avec des forces très inférieures contre les armées coalisées, divisant ses ennemis pour les battre séparément, n'est, comme conception générale, pas autre chose que le combat d'Horace. Seulement, ici, l'exécution est un peu plus compliquée.

La manœuvre est le mouvement, mais elle n'est pas n'importe quel mouvement : elle est le mouvement inspiré par la situation à un chef dont les talents et les dons naturels font un homme de guerre. Ce mouvement seul, c'est-à-dire la manœuvre, donne la victoire.

Le maréchal Foch a écrit : « La victoire appartient aux armées qui manœuvrent », et il a donné de la vérité de ce principe la plus belle démonstration. Napoléon avait exprimé la même pensée sous une autre forme, que nous préférons parce qu'elle est plus scientifique et partant plus précise : « La force d'une armée, comme la quantité de mouvement en mécanique, s'évalue par le produit de la masse par la vitesse. »

Quelque grande que soit la masse, si elle reste stationnaire, la vitesse est nulle. Or, le produit d'une quantité quelconque par zéro donne zéro. Inversement, que la vitesse soit aussi développée qu'on voudra, si la masse est trop faible, le produit est voisin de zéro. Ces deux extrêmes représentent le premier la défensive absolue, le second l'offensive quand même et inconsidérée. L'une ne vaut pas mieux que l'autre.

Si les masses opposées s'équilibrent de telle façon que le mouvement en avant ne soit plus possible ni à l'une ni à l'autre, et qu'il n'y ait également ni pour l'une ni pour l'autre nécessité de se replier, alors toute vitesse disparaît des deux côtés. C'est la stagnation ; et tant qu'elle durera, la guerre restera sans solution. C'est, en somme, la guerre de tranchées, prolongées latéralement jusqu'à ce que les deux bouts des lignes adverses trouvent des appuis de tout repos. Elle peut durer des années, nous l'avons vu, sans que la conclusion s'en suive. C'est la guerre d'usure. Les deux armées ennemies s'annulent, ou à peu près, à part des fluctuations locales, tantôt dans un sens, tantôt dans l'autre. Alors, on attend le terme de la lutte d'autre chose que de la bataille : la ruine économique, la famine, etc... Et pour y arriver, on a recours d'une part au blocus maritime, de l'autre à la guerre sous-marine. La situation se prolonge ; elle menace de s'éterniser. Les peuples souffrent et on n'aboutit à rien, tant qu'un élément nouveau ne vient pas détruire l'équilibre et redonner le mouvement et la vie à la guerre, c'est-à-dire ressusciter la manœuvre. Des offensives locales, parfois très violentes et répétées, se produisent dans certains secteurs. Verdun supporte glorieusement de terribles efforts. Verdun perd du terrain, puis le regagne. Verdun a bien mérité de la patrie. Mais au point de vue de la solution, il n'y a rien de fait ; l'issue de la guerre n'a pas été rapprochée. Beaucoup de sang a coulé : les ruines se sont accumulées ; mais, en fin de compte, chacun reste sur ses positions, comme s'il ne s'était rien passé.

Si l'un seulement des adversaires est immobilisé, tandis que l'autre garde sa liberté de mouvement, alors, la fin n'est pas douteuse. On rappelle la défense de Plevna, sans s'apercevoir que l'argument invoqué va à l'encontre de la théorie de la défense passive. En 1877, du jour où l'armée turque fut immobilisée, les Russes et les Roumains gardant leur liberté d'action, la défaite des Turcs ne fit de doute pour personne, parmi les hommes du métier. L'armée d'Osman Pacha à Plevna, c'était l'armée de Bazaine à Metz.

Dans la dernière guerre, le premier élément nouveau qui rompit l'équilibre dans les tranchées fut l'accroissement progressif de l'armée anglaise, passant d'une centaine de mille hommes à plusieurs millions. L'extension du front anglais s'en suivit, avec le raccourcissement du nôtre ; de sorte que nous récupérions des masses de manœuvre, pour notre compte, en même temps que se créaient les masses de manœuvre anglaises.

L'entrée de l'Italie à nos côtés dans le conflit a aussi sa grande part d'influence ; mais elle se manifeste au point de vue du dégagement du front oriental, puisque c'est surtout l'armée autrichienne que l'armée italienne combat.

Avec l'accroissement de la force anglaise, l'équilibre est rompu. Le mouvement reprend en 1917 et nous gagnons beaucoup de terrain ; la fin de la guerre est en vue... jusqu'à l'heure où intervient un autre élément, la destruction de la puissance militaire de la Russie. Alors, la supériorité qui nous était acquise passe à nos adversaires. Ils attaquent et nous plions. Enfin, dernier événement, les États-Unis mettent en ligne une armée sans cesse grandissante. De nouvelles extensions de l'armée anglaise s'y ajoutent. L'effet de la défection russe est d'abord annulé. Puis, la balance penche de plus en plus en notre faveur ; nous reprenons le mouvement en avant, la série des manœuvres combinées qui nous font gagner la guerre.

Jamais la formule de Napoléon, MV, le produit de la masse par la vitesse, c'est-à-dire par le mouvement, n'a reçu plus belle démonstration. Quelle que fût l'augmentation des forces de notre côté, si nous nous étions contentés d'employer ces forces à une défense passive sur place, la guerre durerait toujours. Si même nous avions appliqué ce principe de reconduire l'ennemi jusqu'à la frontière, de nous y tenir et d'interdire l'entrée sur le territoire national, la guerre resterait sans solution, et l'Allemagne demeurerait prête à recommencer au premier jour. L'Allemagne est hors de cause pour longtemps, espérons-le ; mais sans l'armistice, elle était perdue, notre offensive ne s'arrêtant pas. C'eût été la meilleure garantie pour la protection définitive de notre territoire.

Que la raison de la guerre, comme objectif final, soit la conquête, ou qu'elle soit la défense de la patrie, elle ne peut ni ne doit jamais avoir qu'un seul intérêt militaire, sous peine de demeurer stérile : La destruction de la force de l'ennemi. Toute autre conception est une conception fausse.

IX

L'OFFENSIVE ET LA DÉFENSIVE

On a reproché à notre armée son esprit d'offensive : « Frontière défensive et armée offensive ! » s'écrie l'un de nos critiques : Il voit là une contradiction, une incohérence, parce qu'il confond le but avec le moyen.

Une frontière est toujours défensive, puisqu'elle est immobile et que l'offensive n'existe pas sans le mouvement. Quand nous avons dit que la place de Metz était une forteresse offensive, nous n'entendions point parler de ses forts et de ses batteries, bien que les projectiles de leurs canons puissent atteindre le territoire français. Metz avait un caractère offensif, parce qu'elle était, à deux pas de la France, un lieu de rassemblement de forces très importantes dès le temps de paix, et un point de concours de lignes stratégiques dirigées vers nous. Il n'y aurait eu autour de Metz aucune fortification que la menace serait demeurée la même.

Une armée est un instrument dont on peut se servir dans un but d'agression comme dans un but de protection. Pour chacun des deux cas, l'instrument est le même, et ses opérations peuvent et doivent être offensives ou défensives selon les circonstances de la guerre. Un homme peut porter pour sa légitime défense une arme offensive ; il en est de même d'une nation. Ce qui constituera l'attaque ou la défense, ce sera l'usage qu'elle en fera. *Armée offensive* ne veut rien dire.

Si l'Allemagne a été mal venue à prétendre qu'elle faisait une guerre défensive, c'est parce qu'elle a voulu la guerre, qu'elle l'a préparée et déclarée, sans être provoquée ni menacée par qui que ce soit, et qu'elle a poursuivi un programme de ruine et d'asservissement. Mais les opérations offensives de son armée pouvaient se justifier très bien dans un but de défense. Elles étaient, nous l'avons déjà dit, le meilleur moyen de sauvegarder son territoire et d'éviter à ses populations les horreurs de la guerre. Et nous avons ajouté que si notre armée avait été en mesure de le faire, son devoir, *pour notre défense*, aurait été de porter la guerre sur le sol allemand.

L'avance prise sur nous par l'Allemagne lui assurait la possibilité des opérations offensives au début, tandis que nous étions contraints à reculer. Mais nous ne l'avons fait qu'avec la volonté bien arrêtée de reprendre l'offensive dès qu'elle nous deviendrait possible, et cette volonté, nous l'avons réalisée sur la Marne, *dans les conditions prévues*. Depuis, l'esprit d'offensive ne nous a jamais abandonnés, parce que l'offensive seule donne la victoire.

Il existe dans l'histoire beaucoup d'exemples de *résistances*, mais il n'en existe pas un seul de guerre uniquement gagnée par ces résistances. Les Turcs ont fermé une porte aux Dardanelles ; nous n'avons pas pu la forcer : échec pour nous, victoire pour les Turcs ; mais victoire négative, de laquelle rien ne résulte pour le gain de la guerre. Nous occupons Salonique ; nous y restons sur la défensive longtemps avec succès : échec pour les Bulgares. Mais la Bulgarie ne capitule que du jour où nous prenons une offensive résolue et que la victoire couronne cette offensive.

Nous avons vu que le principal danger de la défensive systématique est de laisser toute initiative à l'ennemi, non seulement pour la préparation de la guerre, pour le choix du théâtre des opérations, mais aussi pour la conduite de ces opérations. Si l'Allemagne peut être certaine d'avance que la France provoquée n'attaquera jamais nulle part, il faut avouer qu'elle a la partie belle ! Notre résolution de ne pas manœuvrer doit lui apparaître dans le développement des forts et forteresses sur tous les points, car la fortification ne pouvant rien par elle-même, ce développement comporte la division des troupes actives et leur dissémination dans les intervalles laissés par les places fortes.

La reconstitution de notre frontière après 1870 nous a entraînés plus loin qu'il n'eût fallu, et cela s'explique facilement. Nous avons exposé la nécessité où l'on s'était trouvé de *boucher des trous* de proche en proche, pour assurer à Belfort la possibilité de remplir sa mission. De même autour de toutes nos places, tandis que des ouvrages nouveaux se construisaient, le problème s'étendait, ne fût-ce que dans l'intérêt de la défense de chaque place elle-même. Pour en montrer un exemple, nous avons assisté plusieurs fois à des conférences tenues sur le terrain, au sommet de Sivry-la-Perche, à 10 kilomètres ouest de Verdun ; point important où le gouverneur de la place réclamait la création d'un ouvrage. Mais l'étude montrait que fortifier Sivry-la-Perche, c'était entamer tout un programme d'extension ; et ce programme lui-même pouvait conduire à un autre, plus vaste encore. Il en était ainsi presque partout.

Peu à peu, le développement des fortifications menaçait d'absorber toutes nos réserves. La difficulté augmentait sans cesse, pour ceux d'entre nous qui avaient la charge de constituer les garnisons de guerre des places fortes. On voyait avec anxiété venir le moment où l'armée serait paralysée, immobilisée partout derrière des murailles, et en chaque point à la merci d'une offensive vigoureuse et résolue ; tandis qu'elle n'aurait plus, en face de l'ennemi, qu'une attitude passive. Les protestations des commandants de corps d'armée se faisaient entendre ; celles des colonels de régiments s'y ajoutèrent bientôt. Une réaction était dans l'air.

A l'occasion de l'un de ces voyages d'étude dont nous avons parlé et qu'effectuait chaque année l'état-major de l'armée dans les régions frontières, et pendant la visite d'un fort, le chef d'état-major général, sachant très bien à quelle réponse il devait s'attendre, s'adressait au général de Négrier, alors lieutenant-colonel d'infanterie : — Seriez-vous satisfait, lui demandait-il, d'avoir à défendre à la tête de votre régiment un ouvrage tel que celui-ci ? — Mon général, répondit fermement et sans hésitation le colonel de Négrier, si mon régiment occupait ce fort, ou tout autre, je considère que ce serait un régiment perdu ! — Vous entendez, messieurs, conclut le chef d'état-major, l'avis d'un officier de troupe. Cela est grave et mérite réflexion.

On a cité le général de Négrier comme l'un des partisans de la défense des richesses du nord. Mais il faut savoir de quelle façon il entendait cette défense. Pour de Négrier, elle ne pouvait être obtenue qu'en portant la guerre à l'extérieur. Il était un des plus fervents de l'offensive et la poussait jusqu'à la témérité. Il avait les défauts de ses qualités. Comme généralissime, il eût été aventureux, parce que trop ardent.

Les raisons stratégiques n'étaient pas les seules mises en avant contre l'abus de la fortification. Beaucoup de généraux et surtout de colonels ne voyaient pas si loin. Ce qui les préoccupait, comme de Négrier à l'époque dont nous parlons, c'était surtout l'influence démoralisante qu'on attribuait, sans doute avec une certaine exagération, au séjour prolongé d'une troupe peu aguerrie, comme celles des armées modernes, dans un fort ou dans une place. La situation d'une infanterie bombardée de loin dans un espace restreint où les feux puissants de la grosse artillerie ennemie convergent, plus ou moins abritée et vivant la plupart du temps au fond des casemates, sous les obus, souvent sans espoir qu'on vienne la relever, et n'ayant que peu l'occasion de tirer un coup de fusil, est sans contredit l'une des plus pénibles. A la guerre, quand on reçoit des coups, on les supporte bravement à la condition d'en rendre. Si on n'en rend pas, il n'est point douteux que le moral s'affecte d'autant plus que la position se prolonge davantage. Il n'y a pas de comparaison à établir entre la situation de soldats isolés dans un ouvrage bombardé et celle des mêmes soldats occupant une tranchée *à leur tour*, pour se battre, pour en sortir le cas échéant, et pour reprendre aussi leur tour de repos à l'arrière. Toutefois, rien n'est absolu, et il ne manque pas d'exemples de garnisons de forts ayant tout enduré pendant longtemps sans que leur moral fût déprimé.

Quoi qu'il en soit, pour des raisons diverses, les unes valables, les autres spécieuses, la réaction inévitable se produisit. Elle éclata surtout du jour où il fut manifeste que la protection donnée par les ouvrages permanents était illusoire ; et naturellement, elle dépassa la juste mesure. Après avoir mis des fortifications partout, on ne voulut plus en entendre parler nulle part. Ce fut moins le déclassement radical que la mise en 2e et 3e catégorie d'un très grand nombre de places et de forts. Nous en avons déjà dit un mot.

Si beaucoup de petites places du nord, qui n'étaient vraiment plus bonnes à rien, même pas à retarder un moment la marche de l'ennemi, puisqu'on pouvait se mouvoir entre elles comme on voulait, furent supprimées avec raison, il en était d'autres, peut-être, dont on pouvait encore attendre des services. Nous ne saurions les passer en revue, d'autant qu'il faudrait au préalable, pour en parler en connaissance de cause, instruire le procès de chacune d'elles. Nous ne retiendrons que ceci, déjà compris dans nos conclusions à d'autres points de vue : Le principe de la défense active ne comporte pas la destruction des points d'appui, au contraire. Mais tout ce qui a la prétention d'être une barrière, en dehors des lignes de bataille que le plan de défense permet d'envisager, peut être supprimé, parce que de toute façon les barrières sont inefficaces.

Si la défense passive est une forme condamnée parce qu'elle ne peut pas conduire à la victoire, tandis qu'elle mène sûrement à la défaite le jour où on est obligé de céder, il ne faut pas en conclure cependant que l'offensive *quand même* soit à recommander. L'opération offensive, qu'elle ait ou non un but de défense, doit être raisonnée, et entreprise selon les circonstances, sur les parties d'une longue ligne de bataille où elle a le plus de chances de succès et où elle doit obtenir les résultats les plus fructueux pour la suite de la guerre ; tandis que sur d'autres parties de cette même ligne, les forces engagées observent, au moins jusqu'à nouvel ordre, une défensive absolue.

Il est bien évident que dans la conception que nous avons développée, toute offensive combinée de l'Allemagne contre nous par l'addition au front d'Alsace-Lorraine d'un prolongement soit en Belgique, soit dans le Jura, doit rencontrer de notre part une défensive absolue dans la région Verdun-Toul-Epinal-Belfort, dès que cette région est soumise aux attaques de l'ennemi, tandis que nos dispositions prenant en flanc l'invasion sont offensives dans leur ensemble, l'attaque se produisant au moment voulu.

De même, sur une ligne aussi étendue que fut la nôtre pendant si longtemps, depuis Belfort jusqu'à la mer, les offensives doivent être partielles et méthodiques. Il est, du reste, de toute évidence que pas plus du côté de l'ennemi que du nôtre, les masses, si énormes soient-elles, ne permettraient partout à la fois la réunion des effectifs nécessaires à une offensive générale et simultanée. Nous n'avons approché de cette condition tout à fait exceptionnelle que vers la fin, alors que l'ennemi avait amené devant nous toutes ses forces du front oriental, et que, d'autre part, nous avions à nos côtés deux millions de soldats américains avec la possibilité de compter au besoin sur bien d'autres.

Une offensive prise à part doit toujours avoir un objectif précis et limité. Même dans l'engagement d'une simple division, qui a devant elle des obstacles variés, le combat doit être dirigé par objectifs spéciaux et successifs. Le général donne en conséquence ses ordres et instructions préalables :

On s'emparera d'abord de tel village ; sa prise rendra plus facile l'attaque de tel bois ; le bois enlevé, tel ravin défendu sera tourné, etc... C'est en résumé *la direction du combat*. On ne peut lui substituer sans le plus grave danger un ordre d'ensemble prescrivant à chacun d'attaquer droit devant soi dès le début, et d'aller de l'avant tant qu'il pourra, sans se préoccuper de ce que font ni deviennent ses voisins. Ce serait la négation de toute direction et de tout commandement, substituant le hasard de la lutte à l'intelligence et à la raison. Aller toujours droit à l'attaque, systématiquement, c'est vouloir tomber dans tous les pièges que peut tendre un ennemi prévenu.

Les forces qui n'attaquent pas à un moment donné sont autant que possible abritées des vues et du feu de l'ennemi, soit par des couverts natu-

rels, des contrepentes, soit à défaut par des tran
chées, ne fût-ce que par de simples tranchées-
abris. La dernière guerre n'a pas montré autre
chose, et il n'y avait là aucune nouveauté.

Les adversaires de toute fortification, même de
champ de bataille, dans l'exagération de leur thèse,
ont prétendu opposer à l'ennemi « les poitrines de
nos soldats ». Combien de fois n'avons-nous pas
rencontré cette expression imagée dans les articles
des journaux ! *Les poitrines de nos soldats, la voix
de nos clairons, les plis de notre drapeau*, ou encore *la stratégie de l'épée nue*, ne sont pas des argu-
ments. A des raisonnements on n'oppose pas des
symboles.

Si la fortification de campagne a été en défaveur
au commencement de la guerre, elle a repris bien
vite son importance, qui date de loin et ne fait que
grandir avec les progrès du canon, du fusil, de la
mitrailleuse et des explosifs. La fortification permanente a conservé la sienne aussi, toutes les fois
qu'elle s'est trouvée dans des conditions à donner
de bons résultats, c'est-à-dire quand elle a fait partie des lignes de bataille. Et ce concours de la fortification à la défense n'a jamais empêché de passer à l'attaque, les troupes quittant leurs abris pour
marcher à l'ennemi.

Dans un grand secteur où une offensive est déci-
dée en principe, elle ne peut être, comme sur un
front de combat de dimensions réduites, et même
à plus forte raison, qu'à objectif limité, mais en

proportion, bien entendu. Supposons, en effet, qu'il en soit autrement, et que cette offensive sans but défini ait un plein succès. Elle aura pour effet de creuser dans le front opposé une *poche*, qui ira toujours en s'approfondissant, et inversement, dans le front de l'attaque, elle dessinera un saillant de plus en plus aigu. Plus elle progressera, plus elle deviendra dangereuse pour le vainqueur, qui pourra même ainsi, sans s'en douter, faire le jeu de son adversaire, en lui donnant la facilité d'une contre-offensive redoutable. C'est là toute l'économie de la bataille de la Marne en 1914. Nous en voyons un autre exemple frappant dans l'offensive allemande de 1918 sur Château-Thierry. Le saillant une fois parvenu un peu au delà de cette ville, l'ennemi jugea, non sans raison, ne plus pouvoir le faire progresser, à moins que la base ne s'élargisse pour lui rendre assez de solidité. Ce fut alors qu'au lieu de pousser à l'ouest, en direction de Meaux, il porta ses efforts au sud, et fit passer une partie de ses troupes sur la rive gauche de la Marne. Au lieu de garder la rivière comme obstacle protecteur de son flanc gauche, il essaya d'élargir son emprise. Mais le saillant était déjà trop accentué entre les massifs forestiers que nous tenions, d'une part à Compiègne et Villers-Cotterets, de l'autre à la montagne de Reims. La forme résultant du progrès de l'offensive allemande nous était favorable ; nous ne tardions pas à en profiter pour obtenir de brillants résultats.

Nous avons lu certaines critiques qui présentent comme dangereuses les dispositions du décret du 28 octobre 1913, portant règlement sur la conduite des grandes unités. Ces dispositions peuvent paraître, à qui les comprend mal, prescrire l'offensive quand même, en toutes circonstances. Nous concluons de ceci que pour bien en saisir la portée, il faut être *du métier*. D'ailleurs, c'est uniquement aux professionnels qu'elles s'adressent, et non au public. Elles ne font pas *un cours*, et se bornent à rappeler des principes connus et admis de tout temps. Si on y trouve parfois quelques phrases qui vont plus loin, et qui semblent prêcher la témérité, il faut remarquer que le commandement n'est nullement tenu de les prendre au pied de la lettre. Il conserve, vis-à-vis de l'ennemi, toute sa liberté d'action, et il ne saurait en être autrement. Quel est donc le général en chef qui accepterait la responsabilité si lourde de conduire l'armée à la bataille, si cette responsabilité n'était pas justifiée par la pleine liberté de ses décisions? Il n'y a ni décret ni loi qui puisse enchaîner l'action du général en chef; ou bien alors, il ne lui reste qu'à donner sa démission. La responsabilité sous-entend l'autorité; autrement, elle n'existe pas. Et le commandement exige l'autorité comme la responsabilité.

Les traits essentiels du décret en question sont absolument d'accord avec toutes les déductions auxquelles nous a conduit le raisonnement, déductions qui ne sont pas nouvelles, loin de là !

Ainsi par exemple, il est dit : « 56. La bataille générale est la résultante des batailles partielles qui, tout en concourant au même but final, peuvent ne pas être simultanées. » C'est exprimer en d'autres termes ce que nous avons dit tout à l'heure. Ce mot de *batailles partielles* ne signifie pas des batailles indépendantes les unes des autres et échappant à la direction supérieure des armées, puisque *toutes concourent au but final*. Cela seul fait voir qu'elles sont dirigées et que ce but est prévu et recherché. Les batailles partielles sont la conséquence inévitable de l'immense extension des fronts, correspondant à l'énormité des effectifs.

L'offensive de 1918 n'est faite que de batailles partielles, livrées dans des régions souvent fort éloignées les unes des autres. Il n'y a aucune relation apparente entre l'offensive américaine dans les secteurs de la Meuse et l'offensive conduite en Belgique par le roi Albert. Pourtant, elles font partie d'un même plan général d'opérations et sont dirigées d'après les ordres et instructions du maréchal Foch, et entreprises sur sa décision. L'offensive en Belgique est intimement liée à l'offensive en Artois ; l'une ne progresse pas, d'une manière intempestive et imprudente, sans se combiner avec l'autre. Et toutes deux ont pour objet de déborder la région industrielle du nord, sans s'y aventurer, pour en éviter la destruction. De même, l'offensive américaine à l'est de l'Argonne est liée de la façon la plus étroite à l'offensive française à l'ouest du même massif, lequel tombe progressivement, encadré de droite et de gauche. Il en est ainsi de tout, depuis le 18 juillet jusqu'à la fin.

Ces grandes opérations ne sont pas autre chose que la mise en pratique de cette disposition du décret : « 68. Chacun des éléments de l'armée, tout en jouant dans l'ensemble un rôle particulier, doit agir en parfait accord avec les éléments voisins. »

Le décret ne proscrit nullement les dispositions défensives : « 123. La situation tactique nécessite parfois la mise en état de défense de tout ou partie du front d'action du corps d'armée. Dans ce cas, chaque division organise le front correspondant à sa zone d'action. »

Les dispositifs de sûreté ne sont pas plus négligés que la défense des lignes par la fortification.

Enfin, pour bien montrer qu'il n'y a rien là qui ne soit conforme aux vrais principes de la guerre, citons encore quelques extraits :

« 20. La réunion des forces constitue une condition essentielle de la liberté d'action du commandement. »

« 61. La bataille générale vise l'anéantissement des forces organisées de l'ennemi. »

« 77. Il n'est pas nécessaire d'être supérieur à l'ennemi à tout instant et sur toutes les parties du champ de bataille. Il suffit d'être le plus fort au point et au moment voulus. »

« 78. La défense passive est vouée à une défaite certaine ; elle est à rejeter absolument. »

« 143. Les places fortes n'ont de valeur que dans la mesure où elles peuvent faciliter les opérations des armées de campagne. »

Il n'y a rien dans tout ceci qui ne soit commandé par la raison et par l'art de la guerre ; rien qui ne soit de tout temps reconnu comme exact et vérifié par l'expérience ; rien que les derniers événements militaires ne justifient pleinement.

Dans le rapport au ministre qui accompagne le décret, on rencontre, il faut le reconnaître, des phrases à effet comme celle-ci : « L'armée française, revenue à ses traditions, n'admet plus, dans la conduite des opérations, d'autre loi que l'offensive. » Ce sont des mots qui stimulent l'ardeur des jeunes officiers, mais qui n'engagent pas le commandement et ne tirent pas à conséquence. Ils rappellent un peu la Convention décrétant la victoire.

Bien que l'idée de l'attaque soit le contraire de l'idée de la défense, bien que la signification du mot *défensive* soit l'opposée d'*offensive*, nous espérons avoir convaincu le lecteur que la défense d'un pays doit comporter des *manœuvres* et des *opérations offensives*, exécutées par l'armée de ce pays, dans le but même d'en assurer la défense. Nous espérons aussi qu'il ne peut rester dans l'esprit de personne aucun doute, non seulement sur l'insuffisance de la défense passive systématique, mais sur la certitude qu'elle conduit fatalement à l'usure et à la ruine dans le cas où les forces consacrées à la résistance équilibrent celles de l'ennemi, et à la défaite dans le cas où ces forces sont inférieures. Quant au troisième cas, celui d'une puissance supérieure à celle de l'ennemi, il n'est pas à considérer, puisque la supériorité ne peut se manifester que par l'offensive, en tout état de cause.

Il nous reste à examiner, autant que le permet le peu de recul actuel pour apprécier les faits et surtout leurs causes, les offensives de nos armées au début de la guerre. On y distingue trois actions : une au centre, en Lorraine annexée ; une à droite, en Alsace ; une à gauche, en Belgique.

L'aile marchante des armées allemandes passant par la Belgique, il était nécessaire que le centre allemand, en Alsace-Lorraine, attendît que le mouvement de cette aile fût assez avancé, pour se mettre en marche à son tour. Quant au pivot, il devait ne pas bouger, en face de Belfort. Ainsi s'explique qu'au moment de l'attaque de Liége et du passage de la Meuse par l'aile droite allemande, il ne se produisit encore sur le front d'Alsace-Lorraine que des escarmouches et des provocations de la part de l'ennemi. Des combats d'un peu plus d'importance ne sont signalés qu'à partir du 10 août dans la région voisine du Luxembourg, celle qui raccorde le centre avec l'aile droite. Le 12, ces combats s'étendent vers l'est, et nous sommes rejetés au nord et à l'est de Nancy, vers Xures et la forêt de Parroy. C'est du 12 au 15 août qu'à la suite de ces avantages de l'ennemi nous prenons l'offensive sur le front de Lorraine.

Quel peut être le but de cette offensive? De toute manière, qu'elle ne vise absolument que notre défense, ou qu'elle doive plus tard se rattacher à autre chose, elle est forcément limitée. En effet, il est de toute évidence que nos armées ne peuvent poursuivre aucun objectif lointain en s'enfonçant dans une région bornée à l'ouest par le système de Metz-Thionville, à l'est par Strasbourg et le Rhin, et au nord, de front, par le Rhin encore, avec Mayence et Coblentz. Si nous poussons droit devant nous en direction de ces deux dernières places, étant donnée notre infériorité numérique, laquelle, pour le début de la guerre, est à la base de tous les raisonnements, nous risquons d'autant plus d'être coupés par Metz et Strasbourg de notre ligne d'opérations, que nous serons parvenus plus loin.

Donc, tel ne peut être le but de notre offensive. Comment faut-il la comprendre?

On peut la justifier par deux considérations :

1° La grande concentration allemande est effectuée dans la région Malmédy — Saint-Vith — Trèves, puis Rochefort — Neufchâteau. Elle vise manifestement la Belgique puis elle y pénètre. Une menace de notre part, vers la portion sud de cette concentration, est de nature à décongestionner le front belge, en attirant de notre côté, sinon la totalité, du moins une bonne partie des forces ennemies. Nous venons ainsi en aide à la Belgique ; elle gagne du temps, et il est nécessaire d'en gagner, pour donner à l'armée anglaise la possibilité d'intervenir selon son programme, c'est-à-dire en se joignant à l'armée belge.

2° Si Nancy, qu'il nous est interdit de protéger en temps de paix, peut être mise à l'abri sans sortir des données stratégiques, nous devons nous efforcer d'y parvenir. Le seul moyen, étudié et connu de tout temps, est de fortifier et d'armer les hauteurs situées entre la ville et la frontière ; c'est-à-dire ces belles positions défensives, immédiatement au nord-est, auxquelles on a donné le nom de Grand-Couronné. Pour pouvoir y travailler et y mettre des pièces lourdes bien installées, il faut aussi gagner du temps et tenir l'ennemi à distance.

Notre attaque réussit d'abord ; nous progressons sur tout le front, la frontière passée. Puis la contre-attaque allemande se produit, très violente surtout dans la région de Morhange.

« Un corps d'armée qui fléchit brusquement provoqua le recul de toute la ligne jusqu'à la Meurthe. Les Allemands occupèrent Lunéville. La retraite s'exécuta rapidement. Les travaux du Grand-Couronné de Nancy étaient suffisamment avancés le 21 au soir pour que l'armée pût s'y reconstituer en quelques jours[1]. »

1. Joseph Reinach, *La guerre sur le front occidental.*
   L' « *Erreur* » *de 1914.*

En somme, nous avions été battus, mais notre opération avait atteint l'un des buts indiqués.

Si on se reporte à ce que nous avons dit au sujet de nos fronts de défense de l'est, on remarquera que le Grand-Couronné, fortifié, armé et occupé par nos forces actives, remplaçait dès lors dans le dispositif général le plateau de la forêt de Haye, comme bastion d'une ligne de défense entre Toul et Épinal. Par suite, notre front de la Moselle passait à l'arrière et se trouvait remplacé par celui de la Meurthe et en cas de besoin par celui de la Mortagne. Ainsi s'explique que ni Toul, ni Épinal n'aient eu à tirer un coup de canon. Notre offensive nous avait fait gagner, bien que terminée par un échec, une bande de territoire profonde de 10 à 30 kilomètres, sur 70 de longueur, au delà de nos défenses permanentes et de nos prévisions du temps de paix.

Voyons maintenant les conditions de notre droite dans les Vosges et en Alsace.

Jamais, au cours des études poursuivies d'année en année avant la guerre, la ligne du Rhin, en Alsace, n'a été considérée comme devant épauler notre droite. Nous avons déjà fait remarquer que l'Alsace, bornée par Strasbourg-Molsheim, ne pouvait être d'aucun intérêt militaire. Mais il importait de garder très solidement Belfort ainsi que la crête des Vosges entre cette place et la droite de notre front de Lorraine. Par suite, notre occupation des Vosges fut poussée jusqu'au Donon, point de changement de direction de la frontière, tant que nous fûmes sur cette frontière ou en avant. Ensuite, le point de gauche, sur les Vosges, dut naturellement rétrograder en même temps que le front de Lorraine. Ce front venant s'établir sur la Meurthe, ou dans le voisinage, le point de gauche devait être à peu près à l'aplomb de la Meurthe, c'est-à-dire vers le col du Bonhomme, et c'est en effet aux environs de ce col, sur les positions propices, qu'il s'établit.

On s'imagine parfois que le Donon a une valeur militaire, que sa possession importe et que sa perte fut particulièrement regrettable. Il n'en est rien. Le Donon est un observatoire et surtout un point qu'on voit de très loin, reconnaissable à sa silhouette en trapèze. La partie supérieure est une surface inclinée de 700 mètres de long sur 150 à 200 de large. Le sommet est un petit plateau qui mesure 200 mètres environ dans tous les sens. De semblables détails topographiques n'ont plus grand intérêt, dans les conditions actuelles de la guerre.

Notre offensive en plaine alsacienne, en avant de Belfort, et jusqu'à Mulhouse, qu'il fallut évacuer le lendemain de notre entrée, n'avait aucun objectif militaire. *Au point de vue des opérations, il eût été préférable de l'éviter.* Un de nos généraux d'armées, interrogé à ce sujet, ne répondit que par deux mots : « Affaire de politique. »

On a dit que notre front installé sur le territoire alsacien vers Altkirch avait mis les ouvrages de

Belfort à l'abri des atteintes de l'artillerie allemande. Cela est vrai. Mais on conviendra que si nos forteresses ne sont même plus des points d'appui, s'il faut les couvrir par des troupes de campagne sur des fronts assez avancés pour les mettre hors de portée de l'ennemi, elles finissent par jouer un rôle assez ridicule.

Dans cette question des offensives françaises de 1914, la plus grosse affaire est celle de Charleroi. Comme Charleroi fut une défaite, ceux qui se sont attribué la tâche de dénigrer notre commandement et notre état-major, en dépit de nos victoires, peuvent à cette occasion donner libre cours à leur éloquence. Peu leur importe la difficulté extrême de la situation au moment de Charleroi ; et du reste, s'ils s'élèvent contre ce qui a été fait, ils se gardent bien de faire connaître ce qu'à leur avis on aurait dû faire. Nous avons pris l'offensive en Belgique, nous avons été battus ; il n'y a pas à sortir de là. Donc, nos généraux et leurs aides, quoiqu'ils aient pu faire depuis, ont été des aveugles et des incapables, à ce moment-là tout au moins.

Nous allons cependant soumettre au lecteur impartial quelques réflexions à ce propos.

Nous avons rappelé tout à l'heure que les masses allemandes menaçant la Belgique étaient en majorité réunies dans la région de Malmédy, Rochefort, Neufchâteau, Saint-With, Trèves. Nous avons fait remarquer que notre offensive en Lorraine pouvait avoir pour effet de soulager le front belge ; et elle y serait peut-être arrivée sans la défaillance d'un corps d'armée à Morhange, qui entraîna la retraite sur le front lorrain. Les masses allemandes étaient rassemblées à peu près sur la bissectrice de l'angle formé par la Meuse, de Visé à Namur et Mézières, et par la frontière du Luxembourg et de la Lorraine. Il y a là un vaste espace. L'intersection des deux directions constituait en principe un *saillant stratégique* ; mais en fait, le saillant, d'ailleurs peu marqué, est compensé par les dimensions, et la vérité est que les Allemands étaient maîtres des *lignes intérieures*, ce qui donne toujours une très grande supériorité de manœuvre quand la volonté est de tirer parti du nombre et surtout de la situation pour l'offensive. Les Allemands ne devaient pas omettre de profiter de cette position, du reste créée par eux-mêmes avec intention.

Pour nous, le problème était analogue à celui qui s'est présenté en 1918 avant l'offensive allemande contre le Chemin des Dames et la ligne de l'Aisne. Dans ce dernier cas, les réserves allemandes se trouvaient aux environs du Cateau, également sur la bissectrice de l'angle formé par nos lignes. Elles pouvaient tout aussi bien agir vers l'ouest, dans la direction d'Amiens et d'Arras, que vers le sud. Ce fut cette dernière solution qui prévalut, et comme elle avait été préparée secrètement avec beaucoup d'habileté, il en résulta l'avance ennemie jusqu'à Château-Thierry avant que nous ayons pu parer le coup [1].

1. Voir l'étude précédente : *De la Marne à la mer du Nord.*

Dans le premier cas, celui du mois d'août 1914, le plan offensif allemand pouvait en 48 heures se modifier en raison de nos propres dispositions ; les Allemands tenaient le centre et nous étions à la périphérie. Les forces respectives ont varié suivant le moment considéré, mais toujours en donnant à l'ennemi une supériorité numérique formidable. Du 4 au 20 août, on peut les évaluer ainsi :

Laissons de côté l'armée de von Emmich devant Liége, ainsi que l'armée belge, dont les cinq divisions sont soit sur la Meuse, soit combattant en arrière, soit se rendant sur la ligne.

La 1ʳᵉ armée (Kluck) compte 260.000 hommes ; la seconde (Bulow), 260.000 hommes ; la troisième (Hausen), 120.000 hommes ; la quatrième (grand-duc de Wurtemberg), 200.000 hommes ; la cinquième (Kronprinz), 200.000 hommes, soit au total 1.040.000 hommes. Les trois autres armées, celles du Kronprinz de Bavière, celle de von Heeringen et celle de von Deimling, occupent le front d'Alsace-Lorraine. En face d'elles, nous avons la 1ʳᵉ armée (Dubail) et la 2ᵉ (de Castelnau). Ces deux armées sont accrochées sur ce front par les forces opposées. Contre la masse de plus d'un million d'hommes réunie dans le Nord entre Aix-la-Chapelle et Trèves, nous pouvons mettre : notre 5ᵉ armée (Lanrezac), 240.000 hommes ; la 4ᵉ (de Langle), 160.000 hommes ; la 3ᵉ (Ruffey), 200.000 hommes, soit au total 600.000 hommes. L'armée anglaise forte d'environ 70.000 hommes ne peut

pas entrer en ligne de compte; elle débarque et se
prépare à aider l'armée belge.

La question se présente donc ainsi : nous avons
à lutter avec 600.000 hommes contre plus d'un
million, c'est-à-dire près du double. La Belgique
nous appelle à son secours. Si nous faisons passer
nos 600.000 hommes en Belgique, qu'arrive-t-il ?
C'est de notre part la division en deux masses,
dont nous avons démontré le danger. L'armée
allemande continue sa démonstration devant
Liége, mais elle se porte avec la très grande
majorité de ses forces en avant vers le sud-est.
Elle passe entre Mézières et Verdun, et tourne par
leur droite nos armées du nord. Sa supériorité
numérique écrasante lui permet d'exécuter sa
manœuvre sans risque. Elle nous devance à Réthel,
Reims et Laon, alors que le péril imminent nous
oblige à revenir en arrière au plus vite. Il suffit de
compter les distances pour constater que partout
elle arrive avant nos armées du nord sur leurs lignes
de communications. Ces armées sont coupées, isolées. Elles ne peuvent plus recevoir ni renforts, ni
vivres, ni munitions. Si elles combattent dans ces
conditions, c'est la défaite certaine. Si elles ne
combattent pas, c'est à bref délai la capitulation en
rase campagne. C'est le plus effroyable désastre
militaire que l'Histoire ait jamais enregistré !...

En présence d'un pareil danger, qui est visible,
que faut-il faire? Le contraire de ce que nous venons
de dire. Au lieu d'aller en Belgique, il faut replier

notre gauche, appeler à nous l'armée anglaise, et
même l'armée belge, et avec elles, préparer la manœuvre si longtemps prévue, qui nous porte sur le
front Verdun-Reims, ou mieux, en raison des effectifs disponibles quand nous y serons, Verdun-
Paris. Préparer de suite, en un mot, la bataille de
la Marne, sans attendre pour cela d'avoir essuyé
une défaite préalable.

Voilà ce que commande l'intérêt stratégique.
Mais, est-ce possible ?

La Belgique réclame notre concours, et par
suite des circonstances, la Belgique est devenue
notre alliée. Ce n'est pas pour nous qu'elle a pris
les armes ; c'est pour sa propre défense. Elle serait
notre ennemie, si nous avions violé comme l'Allemagne sa neutralité. Il n'en est pas moins vrai
qu'aujourd'hui nous ne pouvons l'abandonner.
Notre honnêteté, notre générosité, notre honneur
même sont engagés et parlent plus haut que l'intérêt stratégique. Si nous refusions de secourir la
Belgique, si nous faisions le contraire en repliant
notre aile gauche, nous aurions contre nous, en
France même, l'opinion publique. On ne comprendrait pas. En outre, l'Angleterre ne marche qu'en
raison de la violation de la Belgique. Si nous appelons à nous l'armée anglaise, elle refusera de nous
rejoindre, et avec indignation ; ce n'est pas pour
cela qu'elle est venue. A plus forte raison l'armée
belge n'admettrait-elle pas qu'on lui fît abandonner
sa propre patrie pour se replier en France. Et pour-

tant, c'est là ce qu'indique la raison, pour le salut commun.

Lancer nos armées en Belgique, c'est courir à notre perte. Préparer la bataille de la Marne, sans attendre, est une impossibilité. Qu'en résulte-t-il? Une solution boiteuse, mauvaise ; moins dangereuse pourtant que la première.

Notre gauche, menacée d'enveloppement par l'invasion de la Belgique (qui se déclenche en raison de notre attitude), au lieu de manœuvrer en conséquence, c'est-à-dire de se replier, fait tout le contraire. Elle était en l'air ; elle accentue encore ce que sa position a de périlleux ; elle se porte en avant sur Charleroi. Elle donne, autant que possible, satisfaction à l'opinion publique.

La seule chose difficile à comprendre avec la connaissance incomplète que nous avons des raisons qui ont amené les faits, c'est que dans ce mouvement si dangereux, imposé par les circonstances, nous ayons laissé s'ouvrir un vide de 50 kilomètres le long de la Meuse, en arrière de notre 5e armée. Peut-être comptions-nous sur une résistance plus prolongée de Namur ; mais elle n'eût pas suffi, car entre Namur et Givet, la 3e armée allemande, qui a pris en flanc et presque à revers notre 5e armée, avait largement la place de passer. La Meuse était un bon appui pour le flanc et l'arrière de cette armée ; c'est un fossé profond, à berges rapides sur la plus grande partie de leur longueur depuis Mézières ; mais il eût fallu le défendre autrement

que par des mesures de fortune. Était-ce possible ?...
Toute la question est là. Toutefois, il n'y avait pas
à espérer que l'armée anglaise et notre 5e armée
puissent s'en tirer victorieusement. Même sans la
manœuvre allemande de Charleroi, la retraite s'imposait une fois l'honneur sauf ; l'armée belge se
retirant, d'autre part, sur Anvers.

Ceux dont l'opinion est que l'armée est faite
pour défendre pied à pied le territoire national,
sans céder aucune portion de ce territoire *sous prétexte de manœuvre*, et aussi sans jamais opérer
offensivement, s'élèvent avec violence contre nos
dispositions sur la frontière de Lorraine, parce que
nous avons été battus à Morhange, et sur la frontière belge, parce que nous avons été battus à
Charleroi. Ils ne reprochent pourtant pas au maréchal Joffre d'avoir replié ses armées jusqu'au delà
de Fère-Champenoise, de Vitry-le-François et de
Bar-le-Duc, c'est-à-dire à 150 kilomètres en arrière de la frontière. Pourquoi ? Parce que cette fois
la victoire a été pour nous. Ils condamnent l'offensive, mais ils sont muets sur la conduite de nos
armées par le maréchal Foch, l'homme de l'énergie
et de l'offensive par excellence. Pourquoi ? Encore
parce que la victoire a couronné les manœuvres
offensives du maréchal Foch. Ils oublient que les
plus grands capitaines peuvent perdre et ont perdu
des batailles, sans en excepter Frédéric II et
Napoléon.

Il n'existe rien de plus difficile au monde que la conduite des armées et il est bien peu d'hommes capables de réunir toutes les qualités, tous les dons, qui font un général en chef. Il faut la haute intelligence, la science de la guerre, le coup d'œil, la décision, la volonté, l'énergie du commandement, la santé, la vigueur physique, le sang-froid, la bravoure, l'endurance à toutes les privations, dont celle du sommeil n'est pas la moindre. Qu'une seule de ces conditions indispensables fasse défaut à un moment critique, et tout peut être perdu.

Les ignorants seuls ne pardonnent aux généraux aucune erreur, aucune appréciation inexacte, même dans les circonstances les plus difficiles ; et cependant, Napoléon lui-même, malgré tout son génie, avouait parfois son embarras. En octobre 1805, pendant les opérations autour d'Ulm, il écrivait à ses lieutenants qu'il ne pouvait encore leur donner des instructions définitives, parce qu'il *ne voyait pas encore clair* dans les projets et les dispositions de son adversaire. Seuls se montrent toujours affirmatifs et d'une impitoyable sévérité, ceux qui n'ont jamais fait la guerre et en parlent sans jamais avoir étudié les sciences militaires nulle part.

« Je laisse la critique pour ceux qui y étaient, dit Montluc, et pour les historiens qui parlent de tout et souvent mal à propos, comme gens mal entendus qu'ils sont au fait des armes [1]. »

« Les généraux sont plus à plaindre qu'on ne

1. Maréchal de Montluc, *Commentaires*, 1617.

pense, dit le grand Frédéric, tout le monde les condamne sans les entendre ; la gazette les expose au jugement du public, et entre plusieurs milliers de personnes, il n'en est peut-être pas une qui sache conduire le moindre détachement [1]. »

« C'est l'incertitude dans laquelle sont presque toujours les généraux sur les mouvements et les positions de leurs adversaires qui rend si difficile le commandement d'une armée, et c'est la connaissance qu'en ont ceux qui écrivent après les événements qui rend la critique si facile [2]. »

« On a fait de tout temps, et souvent avec une incompétence, une légèreté et une prétention qui étonnent, la critique des opérations militaires [3]. »

Certes, il y a eu beaucoup de critiques incompétents à toutes les époques. Il n'en manque pas aujourd'hui et nous en verrons surgir bien d'autres. Le plus illustre des nôtres, jusqu'ici, est M. Thiers. Ses appréciations sur les guerres de la Révolution, du Consulat et de l'Empire font la joie des techniciens. Mais, rendons-lui cette justice : elles ne sont jamais malveillantes et encore moins injurieuses.

Aujourd'hui, les réflexions *sévères* sur la conduite des opérations nous émeuvent. Demain nos descendants les liront avec plus de philosophie. Peut-être s'en amuseront-ils.

---

1. Frédéric II, *Instructions militaires du roi de Prusse.*
2. Maréchal Jourdan, *Mémoires.*
3. Général Berthaut, *Principes de stratégie*, 1881.

TABLE DES MATIÈRES

MACON, PROTAT FRÈRES, IMPRIMEURS.